Yvonne Schwarzinger

KRÄUTER

Vielfalt, die glücklich macht

Auflage:

2018	2017	2016	2015
4	3	2	1

Erlerstraße 10, A-6020 Innsbruck
E-Mail: loewenzahn@studienverlag.at
Internet: www.loewenzahn.at

Umschlag- und Buchgestaltung sowie grafische Umsetzung und Illustrationen:
Johanna und Stefan Rasberger, www.labsal.at

Fotografien: Herbert Lehmann, www.herbertlehmann.com
„Rosmarin" S. 11: © www.fotowerk-aichner.at • „Kerbel" S. 13: © istock/eye-blink •
„Sauerklee" S. 15: © istock/Lilyz • „Borretsch" S. 17: © istock/PicturePartners

Gedruckt auf umweltfreundlichem, chlor- und säurefrei gebleichtem Papier.

Bibliografische Information Der Deutschen Bibliothek
Die Deutsche Bibliothek verzeichnet diese Publikation in der Deutschen Nationalbibliografie; detaillierte bibliografische Daten sind im Internet über <http://dnb.ddb.de> abrufbar.

ISBN 978-3-7066-2567-8

Natürlich koch ich!

Yvonne Schwarzinger

KRÄUTER

Vielfalt, die glücklich macht

Fotografiert von Herbert Lehmann

löwenzahn

62

79

118

Inhalt

6–7
Kräuter machen glücklich

8–17
Sortenvielfalt

18–19
9 Mal kluge Kräuter-Tipps

20–23
Tina Wurzinger:
Späte Liebe zu den Kräutern

24–27
Kräuterkraftquelle Hirschbach:
Mühlviertler Kräuterduft

28–41
Es geht ans Eingemachte
Herzhafter und süßer Vorrat

42–67
Aromatische Appetitanreger
Vorspeisen, Suppen und Snacks

68–97
Darf's ein bisschen grüner sein?
Hauptgerichte

98–119
Der duftende Abschluss
Desserts, Käse und Brot

120–124
Register & Glossar

Die Rezepte sind, wenn nicht anders angegeben,
für 4 Portionen berechnet.

„Allein der Anblick und Duft von frischen Kräutern hebt meine Stimmung."

YVONNE SCHWARZINGER

Kräuter machen glücklich!

Das Schönste am Kochen sind für mich die Gerüche, die dabei entstehen. Kochen ist Genuss für alle Sinne. Haben Sie schon einmal – vielleicht an einem heißen Sommertag – ganz bewusst den Duft einer Gurke wahrgenommen, während Sie sie schälten? Er ist erfrischend, einfach strukturiert und doch in sich harmonisch – schlicht perfekt!

Ich behaupte: Eine Küche, in der gut gekocht wird, auch in einem Gasthaus oder Restaurant, erkennt man an den Aromen, wenn man sie betritt. Und die Wohlgerüche in einer Küche stammen nicht zuletzt von den Kräutern, die darin verarbeitet werden. Kein noch so aufwändig kreiertes Produkt der Lebensmittelindustrie kann den Duft und die Aromenkraft frischer Kräuter in der Küche ersetzen. Kräuter veredeln einfache Produkte – denken Sie nur an eine Tomate mit Basilikum oder einen Erdapfel mit Petersilienbutter. Und sie geben raffinierten Kreationen den letzten Schliff. Kräuter sind die besten Geschmacksverstärker, die man in einer Küche verwenden kann. Und zweifellos auch die gesündesten!

In meiner Zeit als Köchin und Wirtin gab es hinter meinem Restaurant immer einen großen Kräutergarten, in dem von Bohnenkraut und Borretsch über Estragon und Kapuzinerkresse bis Zitronenthymian alles wuchs, was das KöchInnenherz begehrte. Und oftmals täglich ertönte von einem der Köchinnen oder Köche der Ruf „Ich bin kurz im Kräutergarten". Aber wir verwendeten nicht nur die kultivierten Kräuter aus dem Garten. Wir pflückten auch vom beginnenden Frühling bis zum Spätherbst unseren Salat in der Wiese! Gundelrebe und Vogelmiere, Schafgarbe und Spitzwegerich, Taubnessel, Giersch und vieles mehr – alles mischte sich zu einem herrlich aromatischen Kräutersalat.

Das Kochen ist für mich ohne Kräuter nicht vorstellbar. Kleine Blumentöpfe mit frischem Rosmarin, Thymian, Basilikum, Schnittlauch, Estragon, Salbei und so manchem mehr haben deshalb in meiner Küche einen fixen Platz.

Und manchmal zupfe ich ein Blatt ab, nur um zwischendurch daran zu riechen. Allein der Anblick und Duft von frischen Kräutern hebt meine Stimmung. So wie die Aromen von frischen Kräutern Geschmack und Qualität eines jeden Gerichts heben. Kräuter machen glücklich. Probieren Sie es aus!

Als wir dieses Kräuterbuch planten, hatten wir alle sofort ein klares Bild vor Augen, wie die Fotos dazu ausschauen sollten. Hell und frisch, luftig, fast schwerelos und durchscheinend sollten sie wirken! Dazu brauchten wir natürlich auch ein Geschirr, das genau diese Attribute vereint. Wir fanden es in den wunderbaren, zarten Porzellankreationen von Christine Mittermayr (www.textpoterie.at). Die Mühlviertler Porzellankünstlerin stellt in aufwändiger Handarbeit feinstes Porzellan her. Sie formt das edle Material zu organisch wirkenden Tellern, Schalen und Schüsseln, die oft so zart sind, dass sie fast durchscheinend wirken. „Transluzent" – also lichtdurchlässig – heißt deshalb auch eine ihrer Porzellanserien, die wir für dieses Kräuterkochbuch verwenden durften. Wir bedanken uns ganz herzlich für dieses Geschirr, das auch glücklich macht!

Sortenvielfalt

Schnittlauch

Der Schnittlauch ist eine der beliebtesten Würzpflanzen bei uns. Und nicht zu unrecht. Sein feines, lauchartiges Aroma passt mit seiner Frische und zarten Schärfe ideal zu Suppen, Salaten und Gemüsegerichten. Am besten verwendet man Schnittlauch ganz frisch, da sich sein Aroma beim Frieren negativ verändert und beim Trocknen fast vollständig verloren geht.

Bärlauch

Bärlauch schmeckt ähnlich wie Knoblauch, hat jedoch den Vorteil, keinen unangenehmen Mund- oder Körpergeruch zu hinterlassen. Auch ist er etwas frischer, milder und weniger scharf im Geschmack. Bärlauch lässt sich im März und April wunderbar selber im Wald sammeln. Als Pesto oder auch blanchiert und tiefgefroren kann man ihn sehr gut haltbar machen. Verwechslungsgefahr mit den hochgiftigen Maiglöckchen ist wie folgt auszuschließen: Bei Bärlauch wachsen die Blätter einzeln direkt aus der Erde heraus, während sie bei Maiglöckchen an einem gemeinsamen Stiel sitzen.

Brunnenkresse

Die Brunnenkresse ist mit ihrem leicht scharfen, frischen Geschmack in der Küche vielseitig einsetzbar. Sie passt hervorragend in Salate oder Spinat und ergibt eine köstliche Suppe.

Basilikum

Das kräftig grüne Basilikum ist wohl der Inbegriff der italienischen Küche. Besonders für Gerichte, die Tomaten oder Knoblauch enthalten, ist es ein unverzichtbarer Begleiter. Doch auch bei uns erfreut sich das erfrischende Basilikum mit seinem leicht scharfen und doch süßlichen Geschmack immer größerer Beliebtheit – und das nicht nur im Pesto (Rezept Seite 31).

Salbei

Der Salbei ist mit seinem charakteristischen, starken Duft ein verführerisches Küchenkraut. Sein intensiver, leicht bitterer Geschmack passt hervorragend zu hellem Fleisch wie Kalb oder Geflügel oder auch zu Nudelgerichten auf Tomatenbasis oder mit Frischkäse. Man sollte Salbei allerdings eher sparsam verwenden, da Gerichte sonst schnell einen leicht seifigen Geschmack bekommen können. Salbei ist eines der wenigen Kräuter, die sich gut trocknen lassen und dabei viel Aroma behalten.

Petersilie

Kaum ein Küchenkraut ist so vielseitig einsetzbar wie die Petersilie. Von ihr können sowohl Blätter als Wurzeln verwendet werden. Ihr kräftiges, unverwechselbares Aroma darf in keiner klaren Suppe fehlen. Und ihre fein geschnittenen Blätter verfeinern jedes Pilz- oder Gemüsegericht. Glatte Petersilie ist aromatischer als ihre krause Schwester, die sich hauptsächlich zum Dekorieren eignet.

Koriander

Koriander hat einen charakteristischen intensiven, scharf-bitteren Geschmack, der mit seinen Anisnoten lange am Gaumen bleibt. Frisches Koriandergrün ist in Speisen sehr dominant und sollte deshalb auf jeden Fall sparsam eingesetzt werden. Es kann Fisch- oder Gemüsegerichte allerdings sehr interessant würzen. Gerne eingesetzt wird frischer Koriander in der indischen und thailändischen Küche.

Thymian

Nicht nur für Liebhaber mediterraner Gerichte ist Thymian aus der Küche kaum wegzudenken. Ganze Zweige aromatisieren wunderbar Öl für kurz gebratenes Fleisch. Gerebelt verfeinert seine Würze Schmorgerichte, Eintöpfe und Gemüse. Neben dem normalen Thymian ist auch das besonders frische Aroma des Zitronenthymians interessant.

Brennnesseln

Die Brennnessel ist eine äußerst vielseitige Pflanze. Sie zählt zu den ältesten Heilkräutern der Menschheit. In der Küche begeistern junge Brennnesseltriebe im Frühjahr durch hervorragenden, herb-würzigen Geschmack. Blanchiert können sie wie Spinat verwendet oder zu Suppen verarbeitet werden.

Majoran / Oregano

Majoran und Oregano sind nahe Verwandte und gehören beide zur Pflanzengattung Dost. Oregano kennen wir vor allem aus der italienischen Küche. Sein Geschmack ist herber als der des leicht süßlichen Majorans. Majoran wird aufgrund seiner verdauungs-fördernden Wirkung bei uns gerne in schweren Fleischspeisen verwendet, vor allem in Kombination mit Schweinefleisch. Der Geschmack von frischem Majoran passt auch sehr gut zu Erdäpfeln und Hülsenfrüchten.

Rosmarin

Rosmarin verfügt über einen intensiven harzigen, leicht bitteren Geschmack. Wie der Thymian ist er in der Mittelmeerküche fest verankert und begleitet diesen gerne beim Aromatisieren von Fleisch. Auch mit mediterranem Gemüse wie Zucchini, Artischocken und Auberginen harmoniert Rosmarin bestens – ebenso wie mit Erdäpfeln. Rosmarin eignet sich besonders gut zum Ansetzen von Kräuterölen.

Dill

Der feingliedrige Dill besitzt einen nicht zu intensiven, ausgewogenen Geschmack und ist besonders geeignet, Produkten ohne zu großen Eigengeschmack einen Aromakick zu verleihen. So passt er sehr gut zu Gurken, Bohnen, Erdäpfeln und in Salate. Aber auch mild schmeckende Fischgerichte lassen sich mit Dill ausgezeichnet verfeinern.

Estragon

Der zarte Estragon gehört zu den Lieblingskräutern in meiner Küche. Sein Geschmack changiert von süßlich über leicht pfeffrig zu subtilen Anisnoten. Und erst wenn Estragon mitgekocht wird, kommen alle Geschmacksnuancen zum Vorschein. Estragon passt hervorragend zu Fischgerichten oder Gemüseeintöpfen, ist aber auch in der süßen Küche sehr vielseitig einsetzbar. Der als Pflanze etwas empfindliche Estragon lässt sich wunderbar in Essig ansetzen (Rezept Seite 35) und so für die Verwendung konservieren.

Lavendel

Lavendel ist mit seinem typischen, herb-intensiven Aroma ein echter Gewinn in der Küche. Sparsam eingesetzt kann er Salate und Fleischgerichte verfeinern. Und in der süßen Küche lassen sich mit Lavendelblüten interessante Eiskreationen oder Cremes herstellen. Gut passt Lavendel auch zu Marillen oder weißer Schokolade.

Minze

Minze wird bei uns hauptsächlich als Dekoration für Desserts verwendet. Dabei passt ihr erfrischender, leicht scharfer Geschmack auch sehr gut zu sommerlichen Salaten und Fleischgerichten – vor allem zu jenen mit orientalischer Note und einer leichten Süße. Auch gebratene Meeresfrüchte erhalten durch Minze einen interessanten und außergewöhnlichen Touch.

Zitronenmelisse

Wie der Name schon sagt, erinnern Duft und Geschmack dieser Sorte sehr stark an Zitronen. Melisse schmeckt dabei aber nicht annähernd so sauer. Das macht die erfrischende Zitronenmelisse zu einem herrlichen Bestandteil sommerlich leichter Desserts und Drinks. Fein geschnitten passt sie perfekt in Obstsalate oder auch in kalt servierte Gemüsesalate sowie in scharfe asiatische Gerichte und Currys.

Löwenzahn

Ein beliebter Frühlingsbote in der Küche ist der junge Löwenzahn. Während er bei Gärtnern als hartnäckiges Unkraut in Verruf ist, schätzen Gourmets längst seine zarten Bitterstoffe. In Erdäpfelsalaten und cremigen Saucen zu hellem Fleisch (Rezept Seite 76) macht sich junger Löwenzahn ganz hervorragend. Vom Löwenzahn können sowohl Blätter als auch Blüten in der Küche verwendet werden. Löwenzahn stechen Sie am besten ganz jung, da dann die Bitterstoffe noch nicht so intensiv sind.

Kerbel

Gemeinsam mit dem Estragon ist der Kerbel geschmacksgebende Komponente in der berühmten Sauce béarnaise (Rezept Seite 80). Sein feiner Geschmack erinnert an eine Mischung aus Petersilie, Fenchel und Anis. Kerbel passt hervorragend zu kräftig aromatischen Fischen und in Buttersaucen. Werfen Sie die Stiele des Kerbels niemals weg. In Fonds (vor allem Fischfonds) und Suppen mitgekocht sind sie eine echte Bereicherung!

Sauerampfer

Der Oxalsäure verdankt der Sauerampfer seinen Geschmack. In nicht zu großen Dosen ist er allerdings als Wildgemüse in der Küche perfekt einsetzbar und wegen seines hohen Gehalts an Vitamin C von jeher beliebt. Man kann Sauerampfer wie Spinat verwenden oder mit diesem mischen, um einen frischeren Geschmack zu erhalten. Auch in Suppen und Kräutersaucen macht sich Sauerampfer gut. Junge Blätter passen fein geschnitten hervorragend in Blattsalate.

Pimpernelle

Die Pimpernelle (auch Bibernelle oder Pimpinelle) heißt botanisch korrekt eigentlich „Kleiner Wiesenknopf“ und gehört zu den beliebtesten Wildkräutern. Blätter und Blüten der Pflanze haben einen leicht gurkenähnlichen Geschmack und passen gut in Salate oder kalte Kräutersaucen.

Schafgarbe

Die Blätter der Schafgarbe machen sich hervorragend in Pflücksalaten und als Würzkraut über Suppen gestreut. Da Schafgabe einen sehr intensiven Geschmack hat, sollte man sie allerdings sparsam einsetzen. Am besten verwendet man nur die jungen, hellgrünen Blätter.

Waldmeister

Waldmeister ist mit seinem unverwechselbaren und intensiven Geschmack und Duft sehr beliebt in der Frühlingsküche. Er würzt die klassische Maibowle, Waldmeistereis und Cremen sowie viele weitere Desserts und passt hervorragend etwa zu Erdbeeren. Am besten sammelt man Waldmeister noch vor der Blüte, da er da am intensivsten ist, und konserviert ihn als Sirup.

Bohnenkraut

Das Bohnenkraut war – wie der Name schon sagt – hierzulande lange nur als Würzkraut für Bohnengerichte bekannt. Dabei passt sein kräftig pfeffriger Geschmack auch hervorragend zu allen anderen Hülsenfrüchten und in deftige Fleischeintöpfe – insbesondere mit Lamm. Bohnenkraut schmeckt nicht nur gut, sondern macht schwere Speisen auch leichter verdaulich.

Giersch

Der Giersch zählt neben den Brennnesseln zu den ältesten und meist verwendeten Wildkräuterarten. Er passt zu allen Speisen, bei denen auch Petersilie verwendet werden kann. Seine jungen Blätter sind wohlschmeckend in Suppen, Saucen, Salaten, Gemüsestrudeln oder zu Erdäpfeln. Den Giersch erkennt man an seinen charakteristischen, dreikantigen Stielen und dem typischen Geruch nach Petersilie. Genaues Hinschauen beim Sammeln, da eine Verwechslung mit dem hochgiftigen Schierling besteht.

Sauerklee

Sauerklee wächst bei uns verbreitet in Wäldern und schattigen Wiesen. Man erkennt ihn an seiner (im Gegensatz zum normalen Klee) herzförmigen Blattform. Sauerklee hat ein leicht säuerliches, frisches Aroma und lässt sich in der Küche perfekt in Salaten und Suppen verarbeiten. Zu oft sollte man größere Mengen davon jedoch nicht genießen, da er viel Oxalsäure, auch Kleesäure genannt, enthält.

Taubnessel

Die Taubnessel hat einen zarteren Geschmack als die ihr verwandte Brennnessel. In der Küche ist sie vor allem durch ihre hübschen, süßlich schmeckenden lila Blüten sehr beliebt. Diese sind sehr dekorativ und wohlschmeckend in Kräutersalaten oder können ganz pur auf einem Butterbrot genossen werden. Blüten und klein geschnittene Blätter der Taubnessel machen sich auch gut in einem aromatischen Kräuteromelette.

Zitronenverbene

Die Zitronenverbene gehört zur Familie der Eisenkrautgewächse und ist ein weiterer Liebling in meiner Küche. Ihr Duft erinnert, wie der Name schon sagt, stark an Zitrusfrüchte, allerdings mit feingliedrigen, herben Noten. Zitronenverbene entwickelt beim Kochen neben ihrer säuerlichen Frische eine Unzahl an unterschiedlichen weiteren Geschmacksnuancen und ist schlichtweg betörend. Sie passt ausgezeichnet zu Fischgerichten, kräftig schmeckenden Waldpilzen und in Saucen. Auch in Desserts kommt ihr frisches Aroma gut zur Geltung.

Gundelrebe

Die kleine unscheinbare Gundelrebe, im Volksmund auch Gundermann genannt, ist schon zeitig im Frühjahr in fast allen Wiesen, Hecken und am Wegrand zu finden. Sie wächst sehr niedrig und hat leicht herzförmige Blätter und winzige, helllila Blüten. Die herb-würzige Gundelrebe eignet sich bestens als Beigabe in Kräutersalaten oder Suppen.

Vogelmiere

Die saftige Vogelmiere erinnert im Geschmack stark an jungen Mais und ist leicht nussig. Sie passt hervorragend in Salate und kann auch zu Suppen oder in Kräutertopfen verarbeitet werden. Auch ein wohlschmeckendes Pesto (Rezept Seite 31) kann man aus ihr herstellen. Vogelmiere kann fast das ganze Jahr über geerntet werden.

Borretsch

Borretsch zählt zu den eher selten verwendeten Küchenkräutern. Er wird auch Gurkenkraut genannt, was ein guter Hinweis auf seinen Geschmack ist. Die Blätter des Borretschs sind allerdings stark behaart und leicht ledrig. Deshalb sollten nur sehr junge Blätter verwendet werden. Klein gehackt können sie Salate, Suppen und Kräuterdips verfeinern. Die wunderhübschen blauen Borretschblüten eignen sich hervorragend zur Dekoration von Salaten, Suppen oder Vorspeisen.

Spitzwegerich

In der Küche ist der Spitzwegerich vielfältig einsetzbar. Sein herber Geschmack macht sich gut in Kräutersalaten oder im Topfenaufstrich. Aus Spitzwegerich, Schafgarbe und Gundelrebe lässt sich auch ein aromatisches Kräutersalz herstellen. Dazu einfach die Kräuter sehr fein hacken, mit der gleichen Menge feinem Meersalz vermischen und im Ofen bei etwa 60 °C trocknen. Die Mischung nochmals mit dem Stabmixer zerkleinern und in Gläser abfüllen.

9 Mal kluge Kräuter-Tipps

1 Eingefrischt

Frisch geschnittene Kräuter lagern Sie am besten, indem Sie sie locker (ohne sie zusammenzudrücken) in ein paar Lagen leicht befeuchtete Küchenrolle wickeln und in einem gut verschließbaren Plastikbehälter im Kühlschrank aufbewahren. Das verhindert das Verwelken. Generell sollten Sie frische Kräuter aber möglichst rasch verbrauchen, da sonst wertvolle Inhaltsstoffe wie Vitamine und auch Aromen verloren gehen.

2 Scharf ist gut

Achten Sie darauf, beim Schneiden von Kräutern ein sehr scharfes und ausreichend großes Küchenmesser zu verwenden. Werden Kräuter mit einem stumpfen Messer mehr gequetscht als geschnitten, treten die ätherischen Öle aus und gehen verloren, und es können sich auch unangenehme Bitternoten entwickeln. Besonders empfindlich reagiert hier das beliebte Basilikum. Deshalb auch: Finger weg von Wiegemessern und Mixern!

3 Salz lass nach

Wer viel mit Kräutern kocht, kann sich einiges an Salz in der Küche sparen. Frische Kräuter bringen eine solche Fülle an Geschmack in Speisen, dass automatisch weniger Salz zum Würzen notwendig ist. Ein zu großzügiger Umgang mit Salz würde die feinen Aromen der Kräuter sogar zunichte machen.

4 Winterfest

Nur wenige Kräuteraromen lassen sich durch Trocknen konservieren. Besser lassen sich Kräuter durch die Verarbeitung zu Kräuterölen oder Pestos für den Winter haltbar machen. Auch Kräuterbutter, die man problemlos über mehrere Monate einfrieren kann, ist eine praktische Idee.

5 Hitzefrei

Viele Kräuter vertragen es nicht gut, mitgekocht zu werden. Etwa Basilikum oder Kerbel sollte man immer erst kurz vor dem Servieren in eine Speise mischen. Wenn man Kräutersuppen herstellt, z. B. mit Kresse oder Bärlauch, darf man die Kräuter immer erst unmittelbar vor dem Servieren in die Suppe mixen. Die Suppe darf dann auch nicht mehr erkalten und nochmals aufgekocht werden, da sie dadurch die schöne grüne Farbe verliert.

6 Sauer macht nicht lustig

Auch Säure (von Zitrone, Essig oder Weißwein) lässt Kräuter ihre frische, grüne Farbe verlieren und braun werden. Um das appetitanregende Grün der Kräuter zu erhalten, sollten Speisen mit vielen Kräutern deshalb immer erst kurz vor dem Servieren mit Säure gewürzt werden.

7 Solisten und Teamplayer

Es gibt Kräuter, die einander perfekt ergänzen – wie etwa Rosmarin und Thymian. Aber nicht alle Kräuter wirken so gut zusammen. Und die großen Charakterdarsteller auf der Kräuterbühne – wie etwa Estragon oder Koriander – spielen gerne die Solisten in einem Gericht. Doch bekanntlich ist alles eine Frage des persönlichen Geschmacks. Hier hilft am besten eins: Ausprobieren!

8 Aufgefrischt

Welk gewordene Blattkräuter, die man für Salate oder zur Dekoration verwenden möchte (etwa Kerbel, Petersilie, Estragon oder Basilikum), lassen sich wieder auffrischen, indem man sie für 10 Minuten in ein Bad aus lauwarmem Zuckerwasser legt. Dazu einfach einen gehäuften Esslöffel Zucker in 2 Litern Wasser auflösen und die Kräuter darin ziehen lassen. Das gibt welken Blättern ihre Straffheit zurück. Der Trick funktioniert übrigens auch bei Blattsalaten wie Rucola oder Vogerlsalat.

9 Gut dosiert

Achten Sie bei der Verwendung von Kräutern immer auch auf deren Inhaltsstoffe. Manche aromatischen Kräuter, wie etwa der Waldmeister, enthalten Stoffe, die in höheren Dosen unbekömmlich werden können. Mehr Information dazu finden Sie auf den Seiten 8 bis 17.

TINA WURZINGER

Späte Liebe zu den Kräutern

Tina Wurzinger bezeichnet sich selbst als Stadtkind. Die Südsteirerin ist in Leibnitz aufgewachsen. Als Kind und Jugendliche hatte sie, wie sie sagt, nie Interesse für den Garten des Elternhauses. „Meine Mutter hat das immer furchtbar geärgert, dass ich keine Liebe zu Pflanzen hatte", erinnert sie sich lachend. Geändert hat sich das für die heute 37-Jährige erst im Jahr 2009. Damals hat ihre Mutter sie doch noch überreden können, auf eine Kräuterwanderung mitzukommen. „Es war für mich ein faszinierender Tag. Ich war auf einmal begeistert von der Vielfalt und dem Reichtum, der in unseren Wiesen wächst", erinnert sich Tina Wurzinger. „Und ich war gleichzeitig schockiert über mich selbst, dass ich das bislang nie beachtet hatte."

Dieser Tag 2009 war für Tina Wurzinger der Anfang einer großen, späten Liebe zu den Kräutern. „Ich bin ein vielseitiger und quirliger Mensch, mir reicht eigentlich nie nur eine Beschäftigung", beschreibt sich die Versicherungsangestellte. Und so fasste sie schnell den Entschluss, eine Ausbildung zur Kräuterpädagogin zu machen. Heute lebt Tina Wurzinger in Graz und veranstaltet selber Kräuterwanderungen, die sich großer Beliebtheit erfreuen. Auf ihrer Facebook-Seite postet sie auch eigene Rezepte, in denen die gefundenen Schätze verarbeitet werden – zum Beispiel zu einer frühlingsfrischen Brennnessel-Wiesenkräuter-Kartoffel-Suppe.

Auf ihrer ersten Kräuterwanderung war Tina Wurzinger fasziniert von der wohlschmeckenden und gefälligen Vogelmiere. Heute hat sie ein großes Kräuterwissen, das sie nicht nur gerne weitergibt, sondern auch mit viel Kreativität in außergewöhnliche Rezepte gießt. So empfiehlt sie etwa, die kleinen Blätter der unscheinbaren Gundelrebe, die in den meisten Gärten nicht unbedingt zur Freude der Besitzer ausdauernd wuchert und eigentlich recht herb schmeckt, mit Schokolade zu überziehen. „Das schmeckt wunderbar – ein bisschen nach After Eight – und passt hervorragend zu Süßspeisen", schwärmt die Grazerin.

„Es war für mich ein faszinierender Tag.
Ich war auf einmal begeistert von der Vielfalt
und dem Reichtum, der in unseren Wiesen wächst."

Die frischen unbehandelten Blätter der Gundelrebe mischt sie klein geschnitten in Apfelmus, um diesem einen besonderen Geschmackskick zu geben.

Wenn Tina Wurzinger im Frühjahr zu ihren Kräuterwanderungen aufbricht, zeigt sie den TeilnehmerInnen aber auch Wiesenkräuter und Wildgemüse, die weniger bekannt oder nicht so leicht zu identifizieren sind. Ein gutes Beispiel dafür ist die Wilde Möhre, von der unsere Gartenkarotte abstammt und die gern auf ungemähten Wiesen, Wegrändern oder Böschungen wächst. Sie gehört zur Familie der Doldenblütler, was eine Verwechslung mit giftigen Vertretern der Gattung, etwa dem Schierling, gefährlich macht. Doch die Wilde Möhre hat ein eindeutiges Erkennungsmerkmal: In der Mitte ihrer großen, weißen Blüte befindet sich eine einzelne schwarze Blüte, die man bei flüchtigem Hinsehen vielleicht für ein Insekt halten könnte. Wilde Möhren sammelt Tina Wurzinger auf ihren Kräuterwanderungen gerne. „Wer sie gräbt, findet zwar eine wesentlich kleinere Karotte als beim gezüchteten Kulturgemüse, aber dafür ist sie mindestens so geschmackvoll“, schwärmt sie.

Zur Verarbeitung von Wildkräutern bietet Tina Wurzinger auch Seifensiedekurse an. Ein Rezept daraus, das leicht herzustellen ist, dürfen wir Ihnen hier vorstellen:

Lavendel-Badepralinen

100 g Natriumhydrogencarbonat
(Trivialname: Natron, bzw. bekannt als Speisesoda)
50 g Milchpulver
50 g Zitronensäure
60 g Kakaobutter
ätherisches Lavendelöl
Lavendelblüten

Zubereitung: Natron, Milchpulver und Zitronensäure gut miteinander vermengen. Die Kakaobutter in einem Topf langsam schmelzen und zum Trockengemisch geben. Das ätherische Öl untermengen und die Masse in Pralinenförmchen füllen, mit Lavendelblüten schmücken und erkalten lassen. Wichtig: trocken lagern!

Tina Wurzinger
Kräuterwanderungen und Seifensiedekurse
Nähere Informationen zu Inhalt und Terminen:
www.kraeuterwanderung.at
www.facebook.com/Kraeuterwanderung

Viel zu entdecken gibt es bei den Kräuterwanderungen im idyllischen Hirschbach in Oberösterreich.

KRÄUTERKRAFTQUELLE HIRSCHBACH

Mühlviertler Kräuterduft

Eine Frühlingswiese ist etwas Wunderbares. Aber nicht nur fürs Auge und die Seele nach einem langen Winter, sondern auch für den Gaumen. Finden sich auf ihr doch schmackhafte Wildkräuter, deren Wiederentdeckung eine kulinarische Bereicherung ist.

Gundelrebe, Vogelmiere, Schafgarbe, Spitzwegerich, Beinwell, Pimpernelle, Sauerampfer, Quendel, Frauenmantel, Waldmeister, Sauerklee – die Liste der essbaren Wildkräuter ist nahezu endlos. Während sie früher wie selbstverständlich in der Küche verwendet wurden, sind sie heute dort nahezu unbekannt. Doch hier ist die Trendwende bereits voll im Gang. Ihren Ausgang nahm sie in der Spitzengastronomie. 1992 wählte der französische Koch Michel Bras ein Blatt des Krautes Cistre, auch alpiner Fenchel genannt, als Symbol für sein neu eröffnetes Restaurant auf der Hochebene über Aubrac. Der Autodidakt in der Küche wurde rasch dafür bekannt, wilde Kräuter und Blumen selbst zu pflücken und für seine Kreationen zu verwenden. Zu Anfang von vielen belächelt führt Michel Bras nun seit mehr als zehn Jahren drei Michelin-Sterne und gilt als einer der besten Köche der Welt. Von überall her pilgern Gourmets in die abgelegene Region nahe Laguiole, um die Kräuterküche des Michel Bras kennenzulernen. Und viele – auch heimische Spitzenköche – folgten seinem Beispiel.

In Hirschbach, im oberösterreichischen Mühlviertel, dreht sich schon lange alles um diese schmackhaften und gesunden Wildkräuter. Kräutergenuss in allen Variationen steht in der Kräuterkraftquelle Hirschbach auf dem Programm. Ein Kräutergarten, ein Shop mit allerlei Kräuterprodukten und ein dreizehn Kilometer langer Kräuterwanderweg warten dort auf Besucher. Auch geführte Kräuterwanderungen und Kräuterkochkurse werden von Mai bis Oktober angeboten. Sogar einen eigenen Hochschullehrgang gibt es seit einigen Jahren.

Kräutergarten
Öffnungszeiten

Wenn der Schnee verschwunden ist und die Sonne langsam wieder mehr Kraft entfaltet, dann ist es Zeit für den ersten Frühlingsboten: den Giersch. Er wächst üppig entlang von Wegen und Waldrändern, schmiegt sich sozusagen als hellgrüner Vorgarten an lichte Gebüsche und ist nahezu unverwüstlich. Das macht ihn zum Feindbild vieler Gärtner, sollte aber seiner Beliebtheit in der Küche keinen Abbruch tun. Denn der Giersch ist „voll köstlich und außerdem gesund, weil er den Basenhaushalt im Körper ausgleicht", wie Renate Breinesberger fast schwärmerisch sagt. Der Landwirtin und ausgebildeten Kräuterpädagogin aus Hirschbach ist die Freude auf die im Frühling erwachende Kräutervielfalt anzumerken. Für sie ist Giersch ein perfekter Ersatz für Petersilie, schmecken seine Blätter doch ziemlich deutlich danach. Sie benutzt ihn klein geschnitten als Aromaspender in Topfenaufstrichen, Salaten und Geschnetzeltem. Zudem sei Giersch der perfekte Begleiter für die zweite essbare Botin des Frühlings: die Brennnessel. Denn der milde Giersch rundet den Brennnesselspinat so ab, dass dieser auch für Gaumen bekömmlich wird, denen herbe Geschmacksnoten noch nicht vertraut sind.

Denn eines ist den meisten Wildkräutern gemeinsam: Ihr Geschmack ist meist intensiver als jener, der sich im Supermarkt kaufen lässt. Deshalb ist es auch ratsam, Wildkräuter eher nicht als Solisten in der Küche zu verwenden, sondern besser zum Aromatisieren und Verfeinern. Ein typischer Vertreter der herben Köstlichkeiten ist der Löwenzahn. Doch gerade seine Bitterkeit macht ihn so gesund. „Alles was bitter ist, ist gut für Galle und Magen und anregend für den Stoffwechsel", sagt Renate Breinesberger. Und zitiert eine alte Weisheit: „Das Bittere im Mund macht im Herzen gesund."

Kräuterkraftquelle Hirschbach
Museumsweg 6
A 4242 Hirschbach
www.kraeuterkraftquelle.at

Kräuter machen glücklich! Sie sind die besten Geschmacksverstärker, die man in einer Küche verwenden kann.

Es geht ans Eingemachte

Herzhafter und süßer Vorrat

Klassisches Basilikumpesto

- 150 g Basilikum (Blätter, gezupft)
- 1 Handvoll Petersilie (Blätter, gezupft)
- 10 g Salz
- 20 g Pinienkerne
- 20 g Parmesan, gerieben
- 280 ml Olivenöl
- 1/2 TL Zucker
- 10 g Knoblauch, geschält und fein geschnitten
- schwarzer Pfeffer aus der Mühle

Schritt 1 / Basilikum und Petersilie waschen, alle Zutaten in einen hohen Mixbecher geben und mit dem Stabmixer rasch fein pürieren.

Schritt 2 / Etwa eine halbe Stunde kühl stellen, dann abschmecken und in kleine Gläser füllen. (Ergibt etwa einen halben Liter.)

Mein Tipp Selbstgemachtes Pesto hält sich in Gläsern im Kühlschrank mindestens 1 Jahr. Bei einmal geöffneten Gläsern achten Sie darauf, dass die Oberfläche des Pestos immer gut mit Olivenöl bedeckt ist (eventuell nachfüllen). Wenn Sie das Pesto rasch verbrauchen, können Sie bei der Herstellung die Petersilie weglassen. Sie wird nicht wegen des Geschmacks zugegeben sondern nur, um die satte grüne Farbe des Pestos zu erhalten. Basilikumpesto verliert sonst bei längerer Lagerung zu sehr an Farbe und wird leicht bräunlich.

Pesto von der Vogelmiere

mit Haselnüssen

- 30 g Haselnüsse, ganz
- 150 g Vogelmiere
- 10 g Salz
- 20 g Parmesan, gerieben
- 250 ml Olivenöl
- 1/2 TL Zucker
- 10 g Knoblauch, geschält und fein geschnitten
- schwarzer Pfeffer aus der Mühle

Schritt 1 / Die Haselnüsse in einer Pfanne goldbraun rösten, noch heiß in ein Küchentuch geben und zwischen den Händen gegeneinander reiben, sodass sich die Schalen lösen. Die so geschälten Haselnüsse mit einem Messer grob hacken.

Schritt 2 / Weitere Herstellung wie beim klassischen Basilikumpesto (Rezept diese Seite).

Bärlauchpesto

- 150 g Bärlauch
- 10 g Salz
- 20 g Mandeln, gerieben
- 20 g Parmesan, gerieben
- 250 ml Olivenöl
- 1/2 TL Zucker
- schwarzer Pfeffer aus der Mühle

Schritt 1 / Herstellung wie beim klassischen Basilikumpesto (Rezept diese Seite).

Salbei-Zitronen-Butter

- 150 g Butter
- 2 Handvoll Salbeiblätter
- 2 Zitronen, unbehandelt
- 1 TL grobes Meersalz
- 5 schwarze Pfefferkörner

Schritt 1 / Die Butter in einem Topf erwärmen. Dabei nicht aufschäumen lassen, damit sich die Molke nicht absetzt. Drei der Salbeiblätter mit einem sehr scharfen Messer fein schneiden und beiseite stellen, den Rest in die Butter mengen und etwa 30 Minuten darin ziehen lassen. Dann die Butter abseihen und im Kühlschrank oder Gefrierfach wieder fest werden lassen.

Schritt 2 / Die Schale der Zitronen mit einem Messer sehr dünn abschneiden und klein schneiden. Den Saft einer Zitrone auspressen. Die Zitronenschale mit dem Meersalz und den Pfefferkörnern in einem Mörser sehr fein verreiben.

Schritt 3 / Die Butter wieder zimmerwarm temperieren und die geschnittenen Salbeiblätter, die Zitronen-Gewürzpaste und 1 TL Zitronensaft unterrühren.

Schritt 4 / Die Butter mithilfe von Klarsichtfolie zu einer Rolle formen, gut in Folie einschlagen und kühlen oder portionsweise einfrieren.

Mein Tipp Diese ausgefallene Kräuterbutter passt hervorragend zu gegrilltem Fleisch, vor allem Geflügel oder Kalb. Auch gebratener Fisch oder Frischkäseravioli lassen sich wunderbar damit aromatisieren. Wenn Sie die Salbeibutter nicht kalt servieren, sondern in der Pfanne mitschwenken, geben Sie sie immer erst ganz zum Schluss hinzu. Zu stark erhitzt, wird sie nämlich bitter.

Eingelegte Gänseblümchen-Kapern

- 200 g Gänseblümchenblüten
- 30 g Salz
- 1/2 TL schwarze Pfefferkörner
- 1/2 TL Senfkörner
- 300 ml Weißweinessig
- 1 TL Zucker

Schritt 1 / Die Blüten waschen und über Nacht in den Kühlschrank stellen, damit sie sich schließen.

Schritt 2 / Die Blüten in ein Sieb geben und mit kochendem Wasser überbrühen. Abtropfen lassen und mit dem Salz vermischen.

Schritt 3 / Die Blüten in Gläser füllen und die Pfefferkörner sowie die Senfkörner darauf verteilen. Den Essig mit dem Zucker aufkochen und die Gläser damit füllen.

Schritt 4 / Nach einigen Tagen die Gänseblümchen mit dem Essig noch einmal aufkochen. Erneut in die Gläser füllen und diese sofort gut verschließen. Kühl und dunkel lagern.

Mein Tipp Gänseblümchenkapern können genauso verwendet werden wie herkömmliche Kapern. Sie sind auch eine hübsche Dekoration z.B. für Sülzen, mariniertes Rindfleisch oder Salate.

Lavendelblütenessig

- Schale von 1/2 Orange
- 20 Lavendelblütenstände, frisch
- 500 ml Weißweinessig

Schritt 1 / Die Schale der Orange dünn mit einem Messer abschneiden und mit den ganzen, ungewaschenen Lavendelblütenständen in ein Glas oder eine Flasche geben, mit dem Weißweinessig bedecken und kühl und dunkel lagern. Mindestens 4 Wochen durchziehen lassen.

Mein Tipp Ebenso wie der Korianderessig entwickelt Lavendelblütenessig ein sehr spezielles Aroma und ist nicht universell einsetzbar. Sparsam dosiert, passt er aber zum Beispiel hervorragend zu Tomatensalaten oder mariniertem Frischkäse. Auch Rindfleischsalaten verleiht er eine spannende Note.

Estragonessig

- 1 Bund Estragon
- 500 ml Weißweinessig

Schritt 1 / Den Estragon waschen und trockentupfen. Die Estragonzweige in ein Glas oder eine Flasche stecken und mit dem Weißweinessig bedecken. Den Estragonessig kühl und dunkel lagern und vor der ersten Verwendung mindestens 4 Wochen ziehen lassen.

Mein Tipp Estragonessig ist ein Klassiker und aus der französischen Küche nicht wegzudenken. Er eignet sich perfekt für alle Salate und Marinaden. Bei richtiger Lagerung hält der Essig mindestens 2 Jahre und verliert auch kaum an Aroma.

Korianderessig

- 1 Bund Koriander
- Schale von 1/2 Zitrone
- 1 TL Korianderkörner
- 500 ml Weißweinessig

Schritt 1 / Den Koriander waschen und trocknen. Die Schale der Zitrone dünn mit einem Messer abschneiden.

Schritt 2 / Frischen Koriander samt Stängeln, Zitronenschale und Korianderkörnern in eine passende Flasche geben und mit dem Weißweinessig auffüllen. Kühl lagern.

Mein Tipp Achten Sie beim Abschneiden oder Abreiben von Zitronenschale immer darauf, möglichst wenig bis nichts von den weißen Schalenteilen zu verwenden, da diese sehr unangenehme Bitterstoffe enthalten. / Lassen Sie den Essig einige Wochen im Kühlschrank ziehen, bevor Sie ihn verwenden, damit sich das volle Aroma entfaltet. Korianderessig passt am besten zur asiatischen Küche. Süß-saure Salate mit Meeresfrüchten oder Rindfleisch und etwas Chilischärfe sind sein perfektes Einsatzfeld.

Mediterranes Kräuteröl

- 2 Zweige Thymian
- 2 Zweige Rosmarin
- 2 Zweige Oregano
- 2 Lorbeerblätter
- 2 Knoblauchzehen
- 10 schwarze Pfefferkörner
- 500 ml Olivenöl

Schritt 1 / Die Kräuter säubern, aber nicht waschen und gemeinsam mit allen anderen Aromaten in eine luftdicht verschließbare Flasche geben. Mit dem Olivenöl auffüllen und vor der Verwendung mindestens 2 bis 3 Wochen kühl und dunkel lagern.

Mein Tipp Kräuteröl ist sehr einfach in der Herstellung und Ihrer Fantasie sind dabei kaum Grenzen gesetzt. Wichtig ist, dass Sie mit den Kräutern keine Flüssigkeit in das Öl bringen, da es sonst zu gären beginnen kann. Wenn Sie aromatisierte Öle mit milderen Kräutern wie Estragon herstellen möchten, verwenden Sie anstelle des kräftigen Olivenöls ein Öl mit weniger Eigengeschmack – zum Beispiel Rapsöl.

Zitronenmelissesirup

- 5 gute Handvoll Zitronenmelisseblätter
- 1 Zitrone, unbehandelt
- 1 l Wasser
- 1 kg Zucker
- 2 TL Zitronensäure

Schritt 1 / Die Zitronenmelisseblätter waschen, die Zitrone in Scheiben schneiden.

Schritt 2 / Zitronenmelisse und Zitronenscheiben in ein verschließbares Gefäß geben und die restlichen Zutaten zugeben. Umrühren, bis sich der Zucker aufgelöst hat und alles 3 Tage lang an einem kühlen, lichtgeschützten Ort stehen lassen.

Schritt 3 / Die Flüssigkeit in einen Topf seihen und aufkochen lassen. Noch heiß in gut ausgewaschene Flaschen füllen und sofort verschließen.

Mein Tipp Dieser Sirup ist lange haltbar und ergibt, verdünnt mit Wasser, ein wunderbar erfrischendes und gesundes Getränk. Anstelle des Zuckers kann bei der Herstellung auch ein milder, nicht zu geschmacksintensiver Honig verwendet werden. Auf die gleiche Art und Weise lassen sich übrigens auch Holunderblütensirup oder ein Kräutersirup mit Minze, Zitronenverbene und Schafgarbe herstellen.

Löwenzahnblütenhonig

- 1 Krug (1 l) voll Löwenzahnblüten
- 1 Zitrone, unbehandelt
- 1 l Wasser
- 1 kg Zucker

Schritt 1 / Die Löwenzahnblüten gut waschen und grob zerkleinern. Die Zitrone in Scheiben schneiden und mit den Löwenzahnblüten im Wasser 20 Minuten köcheln und dann weitere 20 Minuten ziehen lassen.

Schritt 2 / Die Blüten abseihen und den so gewonnen Saft mit dem Zucker 1 Stunde auf kleiner Flamme einkochen lassen. Den sirupartigen Honig noch heiß in Gläser abfüllen.

Mein Tipp Der Löwenzahnblütenhonig ist mindestens 1 Jahr haltbar. Er wird nicht so fest wie normaler Honig und eignet sich deshalb kaum als Brotaufstrich. Man kann damit aber wunderbar Eis, Crème brûlée oder Parfaits (Rezept Seite 118) aromatisieren.

Löwenzahnblütenmarmelade

- 200 g Löwenzahnblütenblätter (nur das Gelbe)
- 100 g Gelierzucker 2:1
- Saft von 1 Zitrone

Schritt 1 / Die Löwenzahnblütenblätter in einem Topf mit dem Gelierzucker und dem Zitronensaft vermischen und mit so viel Wasser aufgießen, dass die Blüten knapp bedeckt sind. Zudecken und über Nacht stehen lassen.

Schritt 2 / Die Mischung aufkochen und für etwa 5 Minuten köcheln lassen. Noch heiß in Gläser abfüllen.

Mein Tipp Für die Löwenzahnblütenmarmelade werden nur die feinen Blütenblätter des Löwenzahns verwendet. Diese aus den Blütenköpfen zu zupfen ist etwas aufwendig und man sollte Handschuhe dabei tragen, da der gelbe Blütenstaub stark färbt.

Mein Tipp Die herben Noten des Rosmarins geben der süßen Kirsche einen interessanten Touch. Wenn Sie die harten Nadelstückchen in der Marmelade stören, können Sie diese nach dem Kochen auch passieren.

Kumquats-Thymian-Marmelade

- 500 g Kumquats
- 150 g Gelierzucker 3:1
- Saft von 1 Zitrone
- 1 EL Thymianblättchen, frisch
- 20 ml Orangenlikör

Schritt 1 / Die Kumquats gut in heißem Wasser waschen und trocknen. Die Stielansätze abschneiden, und die Früchte quer in feine Scheiben schneiden.

Schritt 2 / Die geschnittenen Kumquats in einem Topf mit dem Gelierzucker und dem Zitronensaft gut vermengen und aufkochen lassen. Die Masse auf kleiner Flamme köcheln lassen, bis die Schale der Kumquats anfängt, weich zu werden. Den Thymian zufügen und noch 2 Minuten köcheln lassen. Den Orangenlikör unterrühren.

Schritt 3 / Die Marmelade noch heiß in saubere Gläser füllen und sofort verschließen.

Mein Tipp Auf die Idee zu dieser Marmelade kam ich spontan eines Sommers, als auf meiner Dachterrasse in Wien die zwei Kumquatsbäumchen wochenlang üppigst Früchte trugen und der Thymian wucherte. Mit der reichen Ernte fast überfordert, kochte ich eines Tages kurz entschlossen diese Marmelade und war selbst von der perfekten Harmonie der eigentlich wilden Mischung überrascht. Die Kumquats überzeugen mit ihren subtilen Bitternoten und der Thymian verleiht der Marmelade ein leicht herbes, mediterranes Flair. Sehr gut passt natürlich auch der etwas lieblichere Zitronenthymian in die Marmelade.

Marillenmarmelade

mit Lavendel

- 1 kg vollreife Marillen
- Saft von 1 Zitrone
- 300 g Gelierzucker 1:3
- 2 EL Lavendelblüten, frisch
- 40 ml Marillenschnaps

Schritt 1 / Die Marillen waschen, entkernen und in ca. 1 cm große Stücke schneiden. Mit dem Zitronensaft und dem Gelierzucker vermischen und in einem Topf unter ständigem Rühren aufkochen lassen.

Schritt 2 / Die Lavendelblüten zufügen und die Marmelade 3 Minuten kräftig kochen lassen. Vom Herd nehmen und 10 Minuten durchziehen lassen. Nochmals aufsetzen und weitere 3 Minuten kochen. Sollten die Marillen dann noch nicht weich sein, den Vorgang noch einmal wiederholen.

Schritt 3 / Den Marillenschnaps unter die Marmelade rühren und diese noch heiß in saubere Gläser abfüllen und sofort verschließen.

Mein Tipp Achten Sie beim Abfüllen von Marmelade immer darauf, den Rand des Glases nicht zu bekleckern, da sich sonst beim Lagern leicht Schimmel bildet. Wenn Sie sehr duftintensiven Lavendel haben, verwenden Sie eventuell etwas weniger für die Marmelade, damit der Geschmack nicht zu streng und seifig wird.

Kirschmarmelade

mit Rosmarin

- 1 kg Herzkirschen
- 500 g Gelierzucker 2:1
- Saft von 2 Zitronen
- 2 Zweige Rosmarin
- 40 ml Kirsch- oder Weichselschnaps

Schritt 1 / Die Kirschen waschen, entkernen und halbieren. Mit dem Gelierzucker und dem Zitronensaft mischen und mit dem Stabmixer grob zerkleinern.

Schritt 2 / Die Rosmarinnadeln abzupfen und sehr fein schneiden. Unter die Früchte mischen, alles in einem Topf unter ständigem Rühren zum Kochen bringen und 5 Minuten kochen lassen.

Schritt 3 / Den Kirschschnaps unterrühren und die Marmelade in saubere Gläser füllen. Diese sofort verschließen und nach dem Erkalten kühl und dunkel lagern.

Kräuter machen glücklich! Sie sind die besten Geschmacksverstärker, die man in einer Küche verwenden kann.

Aromatische Appetitanreger

Vorspeisen, Suppen und Snacks

Gratinierte Kräuterpalatschinken
mit Bärlauchpesto

Für den Palatschinkenteig

- 2 Eier
- 2 Dotter
- 600 ml Milch
- 1 Prise Salz
- 250 g Mehl
- 50 g Butter, flüssig
- 2 EL Petersilie, geschnitten
- 3 EL Schnittlauch, geschnitten

Für die Kräuterfülle

- 3 Schalotten
- 60 g Butter
- 300 g Champignons
- 1/2 TL Muskatnuss, gerieben
- 1/2 TL Maizena
- 2 EL Wasser
- 50 ml Schlagobers
- 2 TL Bärlauchpesto (Rezept Seite 31)
- 2 EL Petersilie, geschnitten
- 1 EL Thymian, geschnitten
- 1 EL Estragon, geschnitten
- 2 EL Kerbel, geschnitten
- 2 EL Basilikum, geschnitten

- Meersalz
- schwarzer Pfeffer aus der Mühle
- Butter zum Backen der Palatschinken
- 50 g Parmesan zum Überbacken
- 1 EL Bärlauchpesto zum Garnieren

Schritt 1 / Für den Teig Eier, Dotter und Mich verquirlen. Mit Salz würzen und mit einem Schneebesen leicht schaumig schlagen. Das Mehl sieben und zügig einrühren. Die flüssige Butter und die Kräuter einrühren.

Schritt 2 / Für die Fülle die Schalotten schälen, in feine Würfel schneiden und in der Butter glasig anschwitzen. Die Champignons putzen, feinblättrig schneiden und mit den Schalotten rösten. Mit Salz, Pfeffer und Muskatnuss würzen.

Schritt 3 / Maizena mit 2 EL Wasser und dem Schlagobers verrühren, unter die Pilze mischen und 2 Minuten durchkochen lassen. Die Pilze vom Herd nehmen und Pesto und Kräuter einrühren.

Schritt 4 / Aus dem Palatschinkenteig in einer beschichteten Pfanne in Butter 8 sehr dünne Palatschinken backen. Aus den Palatschinken Quadrate von 15 cm Seitenlänge ausschneiden (den Rest als Suppeneinlage verwenden). In die Mitte der Quadrate je 2 EL von der Kräuterfülle setzen und den Teig zweimal diagonal zu Dreiecken einschlagen.

Schritt 5 / Die gefüllten Palatschinken leicht mit Wasser bepinseln und mit geriebenem Parmesan bestreuen. Auf ein Backblech setzen und im vorgeheizten Backrohr bei 220 °C Oberhitze gratinieren.

Schritt 6 / Die Palatschinken mit dem Bärlauchpesto garniert servieren.

Mein Tipp Dazu passt ein kleiner Wildkräutersalat (Rezept Seite 49). Die Kräuterfülle eignet sich übrigens auch zum Füllen von Schweinefilets oder Hühnerbrüsten. Dazu einfach mit einem schmalen Messer Taschen ins Fleisch schneiden und die Kräuter-Pilz-Mischung einfüllen. Dann am besten die Fleischstücke nur kurz scharf anbraten und im Backrohr bei 130 °C fertig garen.

Brennnessel-Rahmspinat

mit gebackenem Ei

Für den Brennnessel-Rahmspinat

- 2 Schalotten
- 1 Knoblauchzehe
- 20 g Butter
- 2 Zweige Thymian
- 100 ml Weißwein
- 400 ml Schlagobers
- 1/4 TL Muskatnuss, gerieben
- 200 g Spinat
- 100 g Brennnesselspitzen

Für die gebackenen Eier

- 100 ml Essig
- 6 sehr frische Eier
- 3 EL Mehl
- 6 EL Semmelbrösel

- Öl zum Ausbacken
- 40 g Butter
- Meersalz
- schwarzer Pfeffer aus der Mühle

Schritt 1 / Schalotten und Knoblauch schälen und klein schneiden, in der Butter glasig braten. Die Thymianzweige zugeben und mit dem Weißwein ablöschen. Den Wein fast vollständig reduzieren lassen, dann das Schlagobers aufgießen. Mit Muskatnuss, Salz und Pfeffer würzen und die Sauce einkochen lassen, bis sie eine sämige Konsistenz bekommt. Die Sauce durch ein Sieb passieren.

Schritt 2 / Den Spinat putzen, die Brennnesselblätter abzupfen. Beides in Salzwasser kurz blanchieren, sofort in Eiswasser abschrecken und gut ausdrücken. Spinat und Brennnesseln sehr klein schneiden oder fein wiegen.

Schritt 3 / 2 l Wasser mit dem Essig in einem breiten Topf zum Kochen bringen. 4 der Eier einzeln in Tassen aufschlagen. Mit einem Kochlöffel an einer Stelle im leicht siedenden Wasser rühren, in den entstehenden Strudel ein Ei gleiten lassen und 2 Minuten pochieren. Vorsichtig herausheben und sofort kalt abschrecken. Mit den anderen 3 Eiern ebenso verfahren.

Schritt 4 / Die restlichen 2 Eier verquirlen. Die pochierten Eier trockentupfen und mit Salz und Pfeffer würzen. In Mehl, Ei und Bröseln panieren und im heißen Öl schwimmend goldbraun backen.

Schritt 5 / Spinat und Brennnesseln mit der Sauce in einen Topf geben und aufkochen lassen. Mit dem Stabmixer pürieren und abschmecken.

Schritt 6 / Die 40 g Butter in einem Topf erhitzen und unter ständigem Rühren mit einem Saucen- oder Schneebesen leicht bräunen lassen.

Schritt 7 / Den Brennnessel-Rahmspinat auf Tellern als Spiegel anrichten, die gebackenen Eier daraufsetzen und mit der braunen Butter beträufeln.

Mein Tipp Beim Ausbacken der pochierten Eier sollte das Öl sehr heiß sein, damit die Eier rasch Farbe nehmen und der Dotter flüssig bleibt. Sollte Ihnen das Pochieren der Eier schwer fallen oder zu mühsam sein, können Sie auch „normale“ 3,5-Minuten-Eier kochen und diese vorsichtig schälen und panieren. Dies ist allerdings auch eine Aufgabe, die viel Fingerspitzengefühl erfordert.

Für den Wildkräutersalat

- 2 Handvoll gemischte Wildkräuter je nach Verfügbarkeit (Pimpernelle, Schafgarbe, Vogelmiere, Spitzwegerich, Sauerklee, Gänseblümchen, Gundelrebe etc.)
- 1/2 Bund Rucola oder die gleiche Menge Friséesalat
- 1/2 Bund Kerbel
- 8 EL Olivenöl
- 4 EL Balsamicoessig
- 1 TL Zitronensaft
- 1/4 TL Dijon-Senf

Für den Backteig

- 2 Eier
- 200 ml Bier
- 200 g Mehl, glatt
- 1 EL Olivenöl
- 1 Prise Salz

Für die Frischkäsefüllung

- 200 g Ziegen- oder Schaffrischkäse
- 50 g Topfen
- 1 Msp. Cayennepfeffer
- 1 EL Schnittlauch, fein geschnitten
- 1 EL Petersilie, fein geschnitten
- 4 EL Semmelbrösel

- Meersalz
- schwarzer Pfeffer aus der Mühle
- Öl zum Ausbacken

Wildkräutersalat
mit Frischkäse-Krapfen

Schritt 1 / Die Wildkräuter und den Rucola verlesen, die Kerbelblätter abzupfen und alles gut waschen und trockenschleudern. Für die Marinade Öl, Essig und Zitronensaft mit dem Senf verrühren und mit Salz und Pfeffer würzen.

Schritt 2 / Für den Backteig die Eier trennen. Aus Bier, Mehl, Dottern und Olivenöl einen glatten Teig rühren und 20 Minuten rasten lassen.

Schritt 3 / Für die Füllung Frischkäse und Topfen gut verrühren und mit Salz, Pfeffer und Cayennepfeffer würzen. Die Kräuter untermengen und walnussgroße Kugeln formen. Diese in den Semmelbröseln wälzen.

Schritt 4 / Die Eiweiße mit einer Prise Salz zu Schnee schlagen und unter den Backteig heben. Die Frischkäsekugeln durch den Backteig ziehen und im heißen Öl schwimmend goldgelb ausbacken.

Schritt 5 / Den Salat marinieren und auf Tellern anrichten, je drei Frischkäse-Krapfen daraufsetzen.

Mein Tipp Achten Sie beim Ausbacken der Frischkäse-Krapfen darauf, dass das Öl von Beginn an genügend heiß ist, da sonst der Backteig nicht sofort schließt und der Käse eventuell ausläuft. Anstelle des Frischkäses können Sie auch Gemüse wie Zucchini, Auberginen, Spargel und Zwiebelringe oder Fisch und Garnelen in diesem Backteig frittieren.

Basilikum-Topfen-Knöderl

mit Parmesan und geschmolzenen Tomaten

Schritt 1 / Für die Knöderl das Basilikum abzupfen und mit dem Ei mixen. Den Topfen in ein Küchentuch geben und über einem Sieb gut abtropfen lassen, leicht ausdrücken. Alle Zutaten zu einer einheitlichen Masse verarbeiten und 1 Stunde rasten lassen.

Schritt 2 / Aus der Masse mit nassen Händen kleine Knöderl formen und diese etwa 5 bis 6 Minuten in leicht siedendem Salzwasser ziehen lassen.

Schritt 3 / Die Tomaten schälen. Dafür die Oberseite kreuzweise einritzen und mit einem kleinen Messer den Stielansatz entfernen. Die Tomaten dann für etwa 20 Sekunden in kochendes Wasser geben, bis sich die Schale sichtbar zu lösen beginnt. Kalt abschrecken und die Schale mit einem kleinen Messer abziehen, dann vierteln und entkernen. Die Tomatenfilets im Olivenöl mit der angedrückten Knoblauchzehe schwenken, mit Salz und Pfeffer würzen.

Schritt 4 / Für das Topping das Toastbrot entrinden und zu Bröseln hacken. Die Butter in einer Pfanne aufschäumen lassen und die Toastbrotbrösel darin goldbraun rösten.

Schritt 5 / Die Basilikumblätter für die Tomaten grob zupfen und untermischen.

Schritt 6 / Die Tomaten auf Tellern anrichten und die Knöderl daraufsetzen. Auf jedes Knöderl etwas Bröselbutter geben und Parmesan darüber hobeln.

Mein Tipp Achten Sie bei Topfenknöderln immer darauf, dass der Topfen sehr trocken ist. Am besten über Nacht im Kühlschrank, beschwert, im Sieb abtropfen lassen. Wichtig ist außerdem, dass das Kochwasser nur leicht siedet, sonst kochen die Knöderl auf und zerfallen. Die Knöderl passen als Beilage auch sehr gut zu leichten Fisch- oder Hühnergerichten oder können mit Rahmschwammerln serviert werden.

Für die Basilikum-Topfen-Knöderl

- 1 Bund Basilikum
- 1 Ei
- 250 g Magertopfen
- 60 g Parmesan, gerieben
- 50 g Semmelbrösel

Für die geschmolzenen Tomaten

- 8 Tomaten
- 6 EL sehr gutes, fruchtiges Olivenöl
- 1 Knoblauchzehe
- 1 Handvoll Basilikumblätter

Für das Topping

- 2 Scheiben Toastbrot, angetrocknet
- 60 g Butter
- 1 Stück gereifter Parmesan, etwa nussgroß

- Meersalz
- schwarzer Pfeffer aus der Mühle

Tatar vom Rinderfilet
mit Schnittlauchcreme und gebratenem Dotter

Für das Tatar
- 400 g Rinderfilet
- 8 EL sehr gutes Olivenöl

Für die Schnittlauchcreme
- 1 Bund Schnittlauch
- 50 ml Kalbsfond (aus dem Glas)
- 2 EL Olivenöl
- 1 TL Kapern
- 1/2 TL Dijon-Senf
- 2–3 Tropfen Tabasco
- 3 EL Sauerrahm
- 2 EL Crème fraîche

Für die Dotter
- 20 g Butter
- 4 Dotter

- Meersalz
- schwarzer Pfeffer aus der Mühle
- Fleur de Sel und geschroteter schwarzer Pfeffer zum Anrichten

Schritt 1 / Das Rinderfilet von Sehnen und Häuten befreien und mit einem scharfen Messer in 3 mm dicke Scheiben schneiden. Aus den Scheiben kleine Würfel schneiden. Das geschnittene Fleisch mit dem Olivenöl verrühren und mit Salz und Pfeffer kräftig würzen. Kühl stellen.

Schritt 2 / Für die Schnittlauchcreme 3/4 des Schnittlauchs grob schneiden und mit Kalbsfond, Olivenöl, Kapern, Senf und Tabasco im Mixer zu einer feinen Paste pürieren. Den Sauerrahm mit der Crème fraîche abrühren und die Schnittlauchpaste untermengen. Den Rest des Schnittlauchs in feine Röllchen schneiden.

Schritt 3 / Die Butter in einer beschichteten Pfanne aufschäumen und die Dotter darin wie ein Spiegelei braten.

Schritt 4 / Das Tatar mit Hilfe eines Rings auf flachen Tellern anrichten. Mit der Schnittlauchcreme einen Kreis rundherum ziehen und diesen mit den Schnittlauchröllchen bestreuen. Den gebratenen Dotter mittig auf das Tatar setzen und mit Fleur de Sel und geschrotetem Pfeffer würzen.

Mein Tipp Fleisch für Beef Tatar sollte niemals durch den Fleischwolf gedreht, sondern immer geschnitten werden. Das ist zwar etwas mehr Aufwand, aber das Fleisch behält so seine schöne dunkle Farbe und hat mehr Biss. Wird Fleisch faschiert, entsteht durch das Eiweiß eine Bindung und man erhält eine Farce. Ein Effekt, der bei Beef Tatar unerwünscht ist. Sie können für das Tatar auch das günstigere Fleisch vom Tafelstück oder Schwarzes Scherzl verwenden. Keineswegs sparen sollten Sie jedoch beim hochwertigen Olivenöl, das ein entscheidender Geschmacksgeber ist.

Für die Suppe

- 1 große Salatgurke
- 1/2 Knoblauchzehe
- 400 g Naturjoghurt
- 100 ml Olivenöl
- 4 EL Dillspitzen
- 5–6 Tropfen Tabasco
- 1 TL Estragonessig

Für das Thunfischtatar

- 200 g Thunfischfilet, Sushi-Qualität
- 3 EL sehr gutes, fruchtiges Olivenöl
- 1 TL Zitronensaft

Für die Minzschnitte

- 1/4 Pkg. Pizzateig
- 2 EL Bauerntopfen
- 1 EL Crème fraîche
- 1 Msp. Cayennepfeffer
- 2 EL Minze, geschnitten

- Meersalz
- schwarzer Pfeffer aus der Mühle
- Dillspitzen zum Garnieren

Geeiste Gurken-Dill-Suppe

mit Thunfischtatar und Minzschnitte

Schritt 1 / Die Gurke schälen, entkernen und in grobe Stücke schneiden. Den Knoblauch schälen und fein schneiden. Alle Zutaten für die Suppe im Mixer oder mit dem Stabmixer fein pürieren und durch ein Sieb streichen. Mit Salz und Pfeffer würzen und für mindestens 2 Stunden kalt stellen.

Schritt 2 / Den Thunfisch in kleine Würfel schneiden und mit dem Olivenöl und dem Zitronensaft marinieren. Mit Salz und Pfeffer kräftig abschmecken und kalt stellen.

Schritt 3 / Für die Minzschnitte den Pizzateig in 1 cm breite, möglichst lange Streifen schneiden und im Backrohr bei 180 °C goldbraun backen. Topfen und Crème fraîche mit dem Mixer gut verrühren, mit Salz und Cayennepfeffer abschmecken und am Schluss die Minze unterheben. Die ausgekühlten Pizzastangen mit der Minzcreme bestreichen.

Schritt 4 / Die Suppe mit dem Stabmixer nochmals aufschäumen und in tiefen Tellern anrichten. Je eine Nocke Thunfischtatar in die Mitte setzen und mit etwas Dill garnieren. Die Minzschnitten separat dazureichen.

Mein Tipp Wenn Sie keinen rohen Fisch mögen, können Sie diese Suppe auch mit einem Tatar aus Räucherlachs servieren. Dazu einfach den Räucherlachs in Würfel schneiden, mit etwas Zitronensaft und Pfeffer marinieren und geschnittene Dillspitzen untermengen.

Feine Rahmsuppe

von der Vogelmiere mit Ricottatascherln

Für die Suppe
- 100 g Schalotten
- 1 Knoblauchzehe
- 2 Champignons
- 30 g Butter
- 1 Zweig Thymian
- 100 ml Weißwein
- 1 Msp. Cayennepfeffer
- 1/4 TL Muskatnuss, gerieben
- 1,3 l Hühnerfond
- 100 ml Schlagobers
- 4 gute Handvoll Vogelmiere, gewaschen

Für die Ricottafülle
- 100 g Ricotta
- 1 Dotter
- 40 g Parmesan, gerieben

Für den Nudelteig
- 250 g Mehl, griffig
- 6 Dotter
- 1 Ei
- 1 TL Olivenöl

- Meersalz
- schwarzer Pfeffer aus der Mühle
- 1 Eiweiß zum Bestreichen

Schritt 1 / Für die Suppe die Schalotten und die Knoblauchzehe schälen und klein schneiden. Die Champignons putzen und blättrig schneiden. Alles in der Butter ohne Farbe anschwitzen. Den Thymianzweig zugeben und mit dem Weißwein ablöschen. Wenn der Weißwein fast vollständig reduziert ist, mit Salz, Pfeffer, Cayenne und Muskatnuss würzen, den Hühnerfond zugießen und die Suppe auf etwas mehr als die Hälfte einkochen lassen.

Schritt 2 / Das Schlagobers zugeben, alles nochmals 2 Minuten gut durchkochen lassen und dann durch ein feines Sieb passieren – dabei die Gemüse gut ausdrücken.

Schritt 3 / Für die Ricottafülle alle Zutaten gut vermengen und mit Salz und Pfeffer abschmecken.

Schritt 4 / Für den Nudelteig alle Zutaten mit einer Küchenmaschine oder mit den Knethaken eines Mixers zu einem homogenen Teig verarbeiten. Diesen in Klarsichtfolie packen und mindestens 1 Stunde im Kühlschrank rasten lassen.

Schritt 5 / Den Nudelteig zu dünnen Bahnen ausrollen (am besten mit einer Nudelmaschine). Mit einem Messer 12 Quadrate mit 6 cm Seitenlänge ausschneiden. In die Mitte eines jeden Quadrats 1 TL Füllung setzen und die Ränder mit Eiweiß bestreichen. Die Ecken der Quadrate zur Mitte schlagen und die entstehenden Kanten gut mit den Fingern zusammendrücken.

Schritt 6 / Die Tascherl in kräftig gesalzenem Wasser bissfest kochen.

Schritt 7 / Die Suppe nochmals aufkochen, vom Herd nehmen, die Vogelmiere zugeben und sofort mit dem Stabmixer oder im Standmixer fein pürieren. Die Suppe abschmecken und mit jeweils drei Ricottatascherln servieren.

Mein Tipp Zugegeben, die Herstellung von Nudelteig und gefüllten Tascherln ist etwas aufwendig – aber lohnend! Denn frische Pasta, egal ob gefüllt oder nicht, ist mit getrockneter aus dem Handel nicht zu vergleichen. Und man kann damit preiswerte und köstliche Gerichte in unglaublicher Vielfalt herstellen. Für Pastaliebhaber empfiehlt sich auf jeden Fall die Anschaffung einer Nudelmaschine. Kleine Geräte für den Haushalt sind im Fachhandel recht preiswert erhältlich. Es gibt sie mit verschiedenen Aufsätzen, mit denen die Nudelbahnen in die gewünschte Form geschnitten werden können.

Petersilienwurzelsuppe
mit Crostini und Petersilienöl

Für die Suppe
- 400 g Petersilienwurzeln
- 60 g Butter
- 50 ml Weißwein
- 800 ml Hühnerbrühe
- 200 ml Schlagobers
- 1/4 TL Muskatnuss, gerieben

Für die Crostini
- 1 Knoblauchzehe
- 30 g Schinkenspeck
- 1 Zweig Thymian
- 100 ml Hühnerbrühe
- 2 Scheiben Schwarzbrot

Für das Petersilienöl
- 1/2 Bund Petersilie
- 10 EL Rapsöl
- 1 Prise Salz
- 1 Prise Zucker

- Meersalz
- schwarzer Pfeffer aus der Mühle

Schritt 1 / Für die Suppe die Petersilienwurzeln schälen und in nicht zu große Stücke schneiden. Mit der Hälfte der Butter in einem großen Topf bei mittlerer Hitze 5 Minuten dünsten, dabei von Anfang an mit Salz würzen. Mit dem Weißwein ablöschen und diesen vollständig einreduzieren lassen. Mit der Hühnerbrühe und dem Schlagobers aufgießen, mit Muskatnuss würzen und etwa 30 Minuten leicht köcheln lassen, bis die Petersilienwurzeln weich sind.

Schritt 2 / Die Suppe mit einem Stabmixer pürieren und durch ein feines Sieb streichen. Mit Salz und Pfeffer abschmecken.

Schritt 3 / Für die Crostini den Knoblauch schälen und grob schneiden. Den Speck in kleine Würfel schneiden und gemeinsam mit dem Knoblauch und dem Thymianzweig in einer Pfanne auslassen. Sobald das Fett vollständig ausgetreten ist, die Hühnerbrühe hinzugeben und alles am Herdrand 30 Minuten ziehen lassen.

Schritt 4 / Die Schwarzbrotscheiben auf einer Seite mit einem Pinsel mit dem Schinkensaft bestreichen und unter dem Grill von beiden Seiten hell bräunen lassen.

Schritt 5 / Für das Petersilienöl die Petersilienblätter abzupfen, waschen und trockentupfen. Mit dem Rapsöl und einer guten Prise Salz sowie einer kleinen Prise Zucker im Mixer fein pürieren.

Schritt 6 / Die Schwarzbrotscheiben in Streifen schneiden und diese erneut im Ofen 2 Minuten rösten.

Schritt 7 / Die Suppe nochmals aufkochen, die restliche Butter zugeben und aufmixen.

Schritt 8 / Die Suppe in tiefen Tellern anrichten und mit dem Petersilienöl beträufeln. Die Crostini dazureichen.

Mein Tipp Das Petersilienöl ist, ähnlich wie Pesto, längere Zeit im Kühlschrank haltbar. Geben Sie beim Mixen von grünen Kräutern immer von Anfang an Salz sowie eine Prise Zucker zu. Das hilft, die Farbe schön grün zu erhalten. Das Petersilienöl ist auch perfekt zum Verfeinern von gebratenen Pilzen geeignet.

Für die Suppe
- 100 g Butter
- 1 l Hühnerbrühe
- 125 ml Schlagobers
- 2 Bund Brunnenkresse
- 200 g Blattspinat, frisch

Für die Forellentascherl
- 150 g Forellenfilet
- 2 EL Olivenöl
- 1 TL Zitronensaft
- 1 EL Schnittlauch, geschnitten
- 1 Pkg. Strudelteig
- 1 Eiweiß
- Öl zum Ausbacken

- Meersalz
- schwarzer Pfeffer aus der Mühle
- 1 EL Sauerrahm zum Garnieren

Kresserahmsuppe

mit Forellen-Knuspertascherln

Schritt 1 / Die Butter in einem Topf zerlassen und leicht bräunen lassen. Mit der Hühnerbrühe und dem Schlagobers ablöschen und die Flüssigkeit auf etwa 3/4 l reduzieren lassen.

Schritt 2 / Die Brunnenkresse und den Blattspinat von den Stielen zupfen und in ausreichend Salzwasser blanchieren, bis sie sehr weich sind. Kurz in Eiswasser abschrecken und in einem Sieb gut abtropfen lassen.

Schritt 3 / Für die Forellentascherl die Forellenfilets entgräten und enthäuten. Alle tranigen Teile sorgfältig wegschneiden. Die Filets in kleine Würfel schneiden, mit dem Olivenöl und dem Zitronensaft vermengen und mit Salz und Pfeffer würzen. Den Schnittlauch unterheben.

Schritt 4 / Von den Strudelteigblättern 12 Streifen (je ca. 6 × 20 cm) schneiden. Jeden Streifen mit Eiweiß bestreichen und je einen Teelöffel Fischmasse oben an einer Schmalseite nicht ganz mittig ansetzen. Dann den Teig so zu einem Dreieck darüberschlagen, dass er mit der Breitseite bündig abschließt. Das entstandene Ravioli-Dreieck nun weitere viermal über die Kante einschlagen, am Schluss die Teigränder gut andrücken. Die Tascherl im heißen Öl schwimmend ausbacken und warm stellen.

Schritt 5 / Die Kresse-Spinat-Mischung unter Zugabe von etwas Hühnerbrühe-Schlagobers-Reduktion aus dem Topf mit einem Stabmixer pürieren und durch ein feines Sieb passieren. Das Püree in die Suppenreduktion geben und gut einrühren. Mit Salz und Pfeffer abschmecken und nochmals gut mit dem Stabmixer durchmixen.

Schritt 6 / Die Suppe in tiefen Tellern anrichten und je drei Forellentascherl ansetzen. Nach Belieben mit etwas glatt gerührtem Sauerrahm dekorieren.

Mein Tipp Suppen sollten Sie immer erst kurz vor Ende der Kochzeit peffern. Wenn gemahlener Pfeffer zu lange mitkocht, entwickelt er unangenehme Noten, die vor allem in feinen Suppen sehr hervorstechen können. Bei Suppen aus grünem Blattgemüse darf dieses erst immer bei der Fertigstellung in die Suppe gemixt werden, da sonst die grüne Farbe verloren geht.

- 100 g Butter
- 3 Handvoll Sauerklee
- 6 Stangen grüner Spargel
- 3 EL Olivenöl
- 500 ml Kalbsfond (aus dem Glas)
- 200 ml Schlagobers
- Saft von 1/2 Zitrone

- Meersalz
- schwarzer Pfeffer aus der Mühle

Sauerkleesüppchen
mit grünem Spargel

Schritt 1 / Die Butter in einem Topf schmelzen. Einige Sauerkleeblätter für die Dekoration beiseite geben, den Rest klein schneiden und in die lauwarme Butter geben. Einige Minuten ziehen lassen und dann kalt stellen.

Schritt 2 / Die Spargelstangen im unteren Drittel mit einem Sparschäler schälen und in hauchdünne Rauten (2 mm) schneiden. Das Olivenöl in einer Pfanne erhitzen und den Spargel darin 1 Minute bissfest braten, mit Salz und Pfeffer würzen.

Schritt 3 / Den Kalbsfond gemeinsam mit dem Schlagobers aufkochen und in einem Standmixer oder mit dem Stabmixer mit der kalten Sauerkleebutter kräftig durchmixen. Mit Salz, Pfeffer und Zitronensaft abschmecken.

Schritt 4 / Die Suppe nochmals aufschäumen und mit dem gebratenen Spargel in tiefen Tellern anrichten. Mit einigen Sauerkleeblättern dekorieren.

Mein Tipp Suppen aus Kräutern oder grünem Gemüse sollten immer sofort serviert werden. Wenn Sie die Suppe lange warm halten oder erkalten lassen und nochmals erwärmen, verliert sie rasch an Farbe und wird unansehnlich braun. Auch Säure in Form von Essig oder Zitronensaft sollten Sie immer erst kurz vor dem Servieren zugeben, da auch sie die frische grüne Farbe in Braun verwandelt.

- 60 g Vollmilchpulver
- 500 ml frische Vollmilch
- 150 g Vollmilchjoghurt
- 1/2 Gurke
- 1 Frühlingszwiebel
- 4 EL gemischte Gartenkräuter nach Belieben, geschnitten (Schnittlauch, Petersilie, Minze, Kerbel, Estragon etc.)
- Meersalz
- schwarzer Pfeffer aus der Mühle

Hausgemachtes Joghurt
mit Gartenkräutern und Gurke

Schritt 1 / Das Vollmichpulver mit der Milch verrühren und aufkochen. Vom Herd nehmen und auf 45 °C abkühlen lassen (Kontrolle mit einem Küchenthermometer). Eine Tasse von der lauwarmen Milch entnehmen und mit dem gekauften Joghurt vermischen. Diese Mischung mit der restlichen Milch in eine Keramikschüssel gießen und mit einem Teller bedecken. Das Gefäß in mehrere dicke Tücher einschlagen und mindestens 6 Stunden stehen lassen. Anschließend die Tücher entfernen und die Schüssel mit dem Joghurt kalt stellen.

Schritt 2 / Die Gurke schälen und längs halbieren. Mit einem Löffel die Kerne auskratzen und den Rest grob raspeln. Die Gurkenraspel leicht einsalzen, 10 Minuten ziehen lassen und gut ausdrücken.

Schritt 3 / Die Jungzwiebel waschen, die äußere Schale entfernen und in sehr feine Ringe schneiden.

Schritt 4 / Gurke, Jungzwiebel und Kräuter unter das Joghurt rühren und alles mild mit Salz und Pfeffer würzen.

Mein Tipp Dieses Joghurt ist, zum Aperitif serviert, ein perfekter Einstieg in ein festliches Menü. Reichen Sie am besten Gemüsesticks (Karotten, gelbe Rüben, Stangensellerie) und geröstetes Schwarzbrot oder Baguette dazu. Es passt als sommerlich leichte Sauce aber auch wunderbar zu Fleisch oder Gemüse vom Grill. Variieren Sie die Kräuter je nach Verwendungszweck. Zu gegrilltem Lamm passt zum Beispiel ein Joghurt mit viel Minze und einem Hauch Knoblauch. Und selbstverständlich können Sie das pure Joghurt auch süß mit Honig und Früchten servieren.

Für 2 große Flammkuchen

Für den Teig
- 200 g Mehl
- 120 ml Wasser, lauwarm
- 6 g Germ
- 1 Prise Zucker
- 1/2 TL Salz
- 2 EL Olivenöl, plus etwas mehr für den Teig

Für den Belag
- 1 große Fenchelknolle
- 4 EL Olivenöl
- 2 EL Salbei, fein geschnitten
- 200 g rohe, grobe Bratwürste
- 4 EL Crème fraîche
- 50 ml Schlagobers
- 1/2 TL Fenchelsamen, gemörsert

- Mehl zum Ausrollen
- Meersalz
- schwarzer Pfeffer aus der Mühle

Flammkuchen

mit Salbei, Bratwurst und Fenchel

Schritt 1 / Für den Teig den Germ im Wasser mit einer Prise Zucker auflösen und aus allen Zutaten mit den Händen einen glatten Teig kneten (ähnlich einem Strudelteig). Den Teig zu einer Kugel formen, mit etwas zusätzlichem Olivenöl einölen und zugedeckt 1 Stunde rasten lassen.

Schritt 2 / Inzwischen die Fenchelknolle waschen und den Strunk herausschneiden. Die äußeren Blätter mit einem Sparschäler schälen. Die angetrockneten Enden der Stiele wegschneiden. Dann die Knolle quer in sehr feine, gleichmäßige Scheiben schneiden (eventuell mit einem Gemüsehobel). Diese leicht salzen und mit dem Olivenöl und dem Salbei vermischen.

Schritt 3 / Das Brät der Bratwürste aus der Haut drücken. Die Crème fraîche mit dem Schlagobers verrühren.

Schritt 4 / Die gemörserten Fenchelsamen in einer Pfanne trocken anrösten. Das Backrohr auf 250 °C vorheizen.

Schritt 5 / Den Teig in 2 Teile teilen und jeden sehr dünn und gleichmäßig auf bemehltem Backpapier ausrollen. Die Fladen mit dem Backpapier auf Backbleche setzen und mit der Crème fraîche-Mischung bestreichen. Den frischen Fenchel, die Fenchelsamen und das Wurstbrät gleichmäßig darauf verteilen. Mit Salz und Pfeffer würzen.

Schritt 6 / Die Flammkuchen im vorgeheizten Backrohr bei 250 °C Ober- und Unterhitze in etwa 5 Minuten kross backen. Sofort servieren.

Mein Tipp Wie bei Pizza ist es bei Flammkuchen entscheidend, ihn mit möglichst viel Hitze zu backen, damit der Teig schön kross wird. Der Flammkuchen sollte deshalb auch immer nur eher dünn belegt werden. Besonders gut schmeckt der Flammkuchen, wenn Sie ihn nach dem Backen noch mit einigen Esslöffeln hochwertigem Olivenöl beträufeln.

Kräuter machen glücklich! Sie sind die besten Geschmacksverstärker, die man in einer Küche verwenden kann.

Darf's ein bisschen grüner sein?

Hauptgerichte

Mein Tipp Achten Sie bei Hühnerfilet darauf, dass es nicht zu trocken wird. Damit das Fleisch beim Braten saftig bleibt, stechen Sie niemals mit einer Gabel hinein, da sonst der Fleischsaft ausläuft. Wenn Sie ein Huhn im Ganzen braten, empfiehlt es sich, aufgrund der unterschiedlichen Garzeiten, die Brüste etwa 15 Minuten vor Ende der Garzeit von der Karkasse zu lösen, in Alufolie zu packen und neben dem Herd warm rasten zu lassen. Dann das Huhn mit den Schenkeln fertig garen. Die letzten 2 Minuten die Hühnerbrüste wieder in den Bräter geben und die Backrohrtemperatur auf 220 °C erhöhen, damit alles schön knusprig wird.

Huhn mit Ananassalbei,
Pilzpolenta und geschmortem Kochsalat

Für den Kochsalat
- 2 Lorbeerblätter
- 10 schwarze Pfefferkörner
- 1 EL Kümmel, ganz
- 2 Knoblauchzehen
- 1 großer Kopfsalat
- 20 g Butter
- 2 EL Olivenöl

Für die Pilzpolenta
- 6 EL Olivenöl extra vergine
- 100 g Polenta
- 1 Knoblauchzehe
- 1 Msp. Muskatnuss, gerieben
- 125 ml Schlagobers
- 250 ml Milch
- 150 g Cremechampignons
- 2 Zweige Thymian
- Wasser oder Gemüsefond nach Bedarf

Für das Huhn
- 4 Hühnerbrüste, mit Haut
- 16 Blätter Ananassalbei
- 2 EL Olivenöl
- 20 g Butter

- Meersalz
- schwarzer Pfeffer aus der Mühle

Schritt 1 / Für den Kochsalat sämtliche Gewürze und Knoblauchzehen in einem großen Topf mit Wasser aufkochen, kräftig salzen. Den Kopfsalat mit Küchengarn binden und in dem Würzsud weichkochen. Aus dem Wasser heben und gut abtropfen lassen. Den Salat längs vierteln und den Strunk herausschneiden. Die Salatviertel zu kompakten Päckchen einrollen.

Schritt 2 / Für die Polenta die Hälfte des Olivenöls in einem Topf erhitzen und die Polenta mit der Knoblauchzehe darin anschwitzen. Mit Salz, Pfeffer und geriebener Muskatnuss würzen und mit dem Schlagobers ablöschen. Nach und nach die Milch angießen und unter ständigem Rühren bei mittlerer Hitze ca. 15 Minuten lang weichkochen.

Schritt 3 / Die Champignons entstielen und die Köpfe achteln. Den Thymian abrebeln und fein hacken. Die Champignons im restlichen Olivenöl mit dem Thymian hell anrösten und mit Salz und Pfeffer würzen.

Schritt 4 / Die Haut von den Hühnerbrüsten auf einer Seite lösen und jeweils 3 Blätter Ananassalbei unter die Haut schieben. Den restlichen Salbei in feine Streifen schneiden. Das Huhn auf beiden Seiten mit Salz und Pfeffer würzen. In einer Pfanne das Olivenöl erhitzen und die Hühnerbrüste darin nur auf der Hautseite etwa 7 Minuten knusprig braten. Umdrehen und im vorgeheizten Backrohr bei 130 °C ca. 10 Minuten fertig garen.

Schritt 5 / Die Kochsalat-Päckchen in Butter und Olivenöl von beiden Seiten langsam braten, bis sie Farbe nehmen.

Schritt 6 / Die Pilze unter die Polenta mischen und diese nochmals aufkochen lassen. Eventuell etwas Wasser oder Gemüsefond nachgießen. Die fertige Polenta sollte von cremiger, halbfester Konsistenz sein.

Schritt 7 / Die Hühnerbrüste aus der Pfanne nehmen und warm rasten lassen. Die Butter im Bratensatz aufschäumen lassen und den geschnittenen Ananassalbei darin durchschwenken.

Schritt 8 / Die Hühnerfilets aufschneiden und mit dem Kochsalat auf Tellern anrichten. Mit der Salbeibutter überglänzen. Polenta separat dazureichen.

Gebratener Zander
mit Petersilienpüree und Zitronensauce

Schritt 1 / Für das Petersilienpüree die Petersilienwurzeln schälen und in kleine Würfel schneiden. Diese in Milch und Schlagobers langsam weichköcheln, mit Salz und Pfeffer würzen. So lange köcheln (am Schluss unter ständigem Rühren), bis die Flüssigkeit ganz verkocht ist. Die Masse im Mixer oder mit einem Stabmixer pürieren.

Schritt 2 / Für die Zitronensauce Karotte, Schalotte und Knoblauch schälen und in kleine Würfel schneiden. Die Zitrone mit einem Messer schälen, 4 Filets herausschneiden und beiseite stellen. Aus dem Rest den Saft auspressen.

Schritt 3 / 20 g Butter in einer Pfanne aufschäumen lassen und Karotte, Schalotte und Knoblauch darin anschwitzen. Mit dem Weißwein ablöschen und auf die Hälfte einkochen lassen. Den Sud in einen kleinen Topf seihen und den Zitronensaft zugeben. Mit Salz und Pfeffer würzen und mit der restlichen Butter binden.

Schritt 4 / Die Zanderfilets in Portionsstücke schneiden, rundum salzen und im Olivenöl nur auf der Hautseite kross braten.

Schritt 5 / Zum Fertigstellen des Pürees die Petersilie waschen, die Blätter abzupfen und in Salzwasser sehr weich blanchieren. Abseihen, sehr gut ausdrücken und fein schneiden. Die Petersilie mit dem Olivenöl im Mixer pürieren und unter das Petersilienwurzelpüree mischen. Das Püree nochmal erhitzen und die Butter einrühren.

Schritt 6 / Den Zander in der Pfanne einmal kurz wenden und mit einem Zitronenfilet anrichten. Die Zitronensauce angießen und eine Nocke Petersilienpüree danebensetzen.

Mein Tipp Das Petersilienpüree eignet sich auch sehr gut zum Füllen von hausgemachten Ravioli (Rezept Nudelteig Seite 56). Sie können die Ravioli als Beilage zu Gerichten mit Fisch, Schwein oder Kalb servieren, als Suppeneinlagen oder pur, mit brauner Butter und Parmesan, genießen.

Für das Petersilienpüree

- 200 g Petersilienwurzeln
- 100 ml Milch
- 100 ml Schlagobers
- 2 Bund Petersilie
- 8 EL Olivenöl
- 40 g Butter

Für die Zitronensauce

- 1 kleine Karotte
- 1 Schalotte
- 1 Knoblauchzehe
- 1 Zitrone
- 60 g Butter
- 70 ml Weißwein

Für den Zander

- 600 g Zanderfilet, mit Haut
- 5 EL Olivenöl

- Meersalz
- schwarzer Pfeffer aus der Mühle

- 400 g Hühnerbrust, ohne Haut
- 6 EL Rapsöl
- 2–3 EL grüne Thai-Currypaste
- 1 rote Paprika
- 1 grüne Paprika
- 150 g Shiitakepilze, frisch
- 200 g Brokkoli
- 2 Knoblauchzehen
- 40 g Ingwer, frisch
- 2 Stängel Zitronengras
- 10 bis 15 Blätter vietnamesischer Koriander
- 300 ml ungesüßte Kokosmilch
- 400 ml Gemüsebrühe
- 2 EL Austernsauce
- 2 Kaffir-Limettenblätter
- 100 g Bambussprossen (aus dem Glas)

- Meersalz
- schwarzer Pfeffer aus der Mühle

In Kokosmilch und grünem Thaicurry gekochtes Huhn

mit vietnamesischem Koriander

Schritt 1 / Die Hühnerbrüste in 1 cm breite Scheiben schneiden, mit 2 EL Öl und der Currypaste vermischen.

Schritt 2 / Rote und grüne Paprika mit einem Sparschäler schälen, vierteln und in 5 mm breite Streifen schneiden. Die Shiitakepilze entstielen und je nach Größe vierteln oder halbieren. Den Brokkoli in kleine Röschen teilen. Die Knoblauchzehen und den Ingwer schälen und klein schneiden. Das Zitronengras in etwa 10 cm lange Stücke schneiden und flach klopfen.

Schritt 3 / Eine große Pfanne oder einen Wok sehr heiß werden lassen und die Hühnerbrüste darin im restlichen Öl rasch anbraten. Aus der Pfanne nehmen. Paprika, Broccoli, Shiitakepilze, Ingwer, Knoblauch und Zitronengras einlegen und 2 Minuten unter Rühren dünsten. Mit Salz und Pfeffer würzen.

Schritt 4 / Die Korianderblätter grob schneiden. Die Kokosmilch und die Brühe, Austernsauce und Kaffir-Limettenblätter beigeben und alles 3 bis 4 Minuten gut durchkochen lassen. Hühnerstücke, Bambussprossen und Koriander zufügen und weitere 2 Minuten köcheln lassen. In tiefen Tellern anrichten und servieren.

Mein Tipp Zu diesem Gericht servieren Sie am besten Jasminreis. Die typischen Zutaten für die thailändische Küche erhalten Sie in Asiashops oder in gut sortierten Supermärkten. Dort bekommen Sie auch landestypische Gemüse wie Bitterauberginen, Thaiauberginen, Wasserkastanien oder Spargelbohnen, die auch perfekt in dieses Gericht passen. Anstelle von Hühnerbrüsten können Sie Rinder- oder Schweinefilet verwenden. Auch beim Gemüse können Sie je nach Gusto variieren. Und schließlich können Sie statt grüner Currypaste rote verwenden, sodass sich nach diesem Grundrezept sehr abwechslungsreiche Gerichte kreieren lassen. Sollten Sie keinen vietnamesischen Koriander bekommen, verwenden Sie normale Korianderblätter. Beachten Sie jedoch, dass diese etwas intensiver im Geschmack sind.

In Rosmarinöl gegartes Kaninchen
mit Löwenzahncreme

Für das Kaninchen
- 4 Kaninchenkeulen
- 1 Karotte
- 1 Stange Staudensellerie
- 1/4 Sellerieknolle
- 2 Knoblauchzehen
- 4 Zweige Rosmarin
- 10 schwarze Pfefferkörner
- 3 Wacholderbeeren
- 1 EL grobes Meersalz
- ca. 500 ml Olivenöl

Für die Löwenzahncreme
- 300 ml Portwein, weiß
- 10 schwarze Pfefferkörner
- 1/2 TL Korianderkörner
- 250 ml Schlagobers
- 2 Handvoll junge Löwenzahnblätter
- 1/4 Kopfsalat
- 1 Msp. Cayennepfeffer

- Meersalz
- schwarzer Pfeffer aus der Mühle

Schritt 1 / Die Kaninchenkeulen am Gelenk zerteilen und nebeneinander in einen Topf legen. Das Gemüse putzen, in 1 cm große Würfel schneiden und auf dem Kaninchen verteilen. Die Rosmarinzweige, die Gewürze zugeben und alles mit Olivenöl großzügig bedecken. Die Kaninchenkeulen im vorgeheizten Backrohr bei 150 °C etwa 1 Stunde garen.

Schritt 2 / Für die Löwenzahncreme den Portwein mit Pfeffer und Koriander aufkochen und auf die Hälfte reduzieren lassen. Das Schlagobers zugeben, nochmals auf die Hälfte einkochen und abseihen.

Schritt 3 / Die Löwenzahnblätter und den Kopfsalat gut waschen, trockenschleudern und fein schneiden. Zu der Portwein-Schlagobers-Reduktion geben und einmal aufkochen lassen. Mit Cayennepfeffer, Salz und Pfeffer würzen.

Schritt 4 / Die Kaninchenkeulen aus dem Öl heben und auf der Löwenzahncreme servieren.

Mein Tipp Zu diesem Gericht servieren Sie am besten Erdäpfelpüree, -gratin oder einen einfachen Risotto. Durch das schonende Garen im Öl werden die Kaninchenkeulen butterweich und bleiben trotzdem saftig. Ob sie fertig gegart sind, erkennen Sie daran, dass sich das Fleisch leicht von den Knochen zu lösen beginnt. Sie können auch eine Probe machen, indem Sie eine Fleischgabel an der dicksten Stelle einstechen. Können Sie diese fast ohne Gegendruck wieder herausziehen, ist das Fleisch gar. Seihen Sie das Öl nach Gebrauch durch einen Kaffeefilter und stellen Sie es kalt. Dann können Sie es wiederverwenden. Diese Garmethode eignet sich übrigens auch bestens für Enten- oder Gänsekeulen. Dann sollten Sie allerdings Gänseschmalz dafür verwenden.

Mariniertes Rinderfilet

mit Sauerampfer gefüllt, gebratene Auberginen und Pilze

Für das Rinderfilet

- 8 dünne Scheiben Rinderfilet, ca. 60 g pro Scheibe
- 20 g Butter
- 8 EL Olivenöl
- 1 EL Limettensaft
- 40 g Sauerampferblätter

- 1 kleine Aubergine
- 200 g Pilze nach Marktangebot (z.B. Austernpilze, Kräuterseitlinge, Champignons)
- 30 g Butter
- 4 EL Olivenöl

Für die Sauce

- 6 EL Rinderfond (aus dem Glas)
- 1 EL Balsamicoessig
- 1 EL Sherryessig
- 2 EL Olivenöl
- 2 EL Haselnussöl
- einige Sauerampferblätter

- Meersalz
- schwarzer Pfeffer aus der Mühle

Schritt 1 / Die Rinderfiletscheiben leicht zwischen zwei Klarsichtfolien plattieren, sodass sie eine Stärke von 5 mm haben. Eine beschichtete Pfanne sehr heiß werden lassen und die Butter und etwas Olivenöl darin aufschäumen. Die Rinderfiletscheiben sehr kurz darin von einer Seite anbraten und aus der Pfanne heben. Den Bratensatz mit der Rinderkraftbrühe für die Sauce ablöschen und kurz aufkochen, in eine Schüssel umgießen und beiseite stellen.

Schritt 2 / Die Rinderfilets mit der rohen Seite nach oben auf ein Blech legen und mit Salz, Pfeffer, dem restlichen Olivenöl und dem Limettensaft marinieren. Die Sauerampferblätter gleichmäßig auf den Scheiben verteilen, diese einrollen und bei 60 °C im Backrohr warm stellen.

Schritt 3 / Die Aubergine in 5 mm dicke Scheiben schneiden und leicht einsalzen. Die Pilze putzen und in etwa 1 cm dicke Scheiben schneiden. Auberginenscheiben und Pilze im Olivenöl kräftig anbraten und mit Salz und Pfeffer würzen.

Schritt 4 / Für die Sauce Essig und Öl mit der Rinderfond zu einer Marinade verrühren und mit Salz und Pfeffer abschmecken. Die Sauerampferblätter in feine Streifen schneiden und untermengen.

Schritt 5 / Auberginen und Pilze auf Tellern anrichten, die Rinderfiletrouladen daraufsetzen und mit der Sauce beträufeln.

Mein Tipp Falls Sie keinen Sauerampfer in Ihrer Nähe finden, können Sie auch Sauerklee für die Füllung des Rinderfilets verwenden. Außerhalb der Wiesenkräuter-Saison schmeckt dieses Gericht auch mit Rucolafüllung.

Geschmorter weißer Spargel

mit Sauce béarnaise

Für die Sauce béarnaise

- 1 Bund Estragon
- 1 Bund Kerbel
- 1/2 Schalotte
- 5 EL Wasser
- 3 EL Estragonessig (Rezept Seite 35)
- 5 schwarze Pfefferkörner
- 2 Dotter
- 200 g Butter

Für den Spargel

- 16–20 Stangen weißer Spargel (je nach Dicke)
- 40 g Butter
- 8 EL Olivenöl

- Meersalz
- schwarzer Pfeffer aus der Mühle
- Estragonessig zum Abschmecken

Schritt 1 / Zur Vorbereitung der Sauce die Kräuterblätter von den Stielen zupfen und fein schneiden. Die Stiele aufheben. Die Schalotte schälen und in Scheiben schneiden.

Schritt 2 / Den Spargel schälen und die Stangen auf die gleiche Länge schneiden. Jeweils 4 bis 5 Stangen Spargel mit Butter und Olivenöl sowie einem Teil der Kerbelstiele in Alufolie packen und mit Salz und Pfeffer würzen. Die Alufolie gut verschließen und den Spargel im vorgeheizten Backrohr bei 170 °C Heißluft etwa 5 Minuten garen.

Schritt 3 / In der Zwischenzeit für die Sauce béarnaise Wasser und Estragonessig mit der geschnittenen Schalotte, den Pfefferkörnern und einem Teil der Estragonstiele aufkochen und auf 2 EL reduzieren lassen. Die Flüssigkeit in einen Rührkessel seihen und die Dotter unterrühren. Mit Salz kräftig würzen.

Schritt 4 / Die Butter in einem Topf schmelzen und einige Minuten sanft köcheln lassen, bis sich die Molke vollständig abgesetzt hat. Durch einen Kaffeefilter seihen und auf etwa 40 °C abkühlen lassen.

Schritt 5 / Die Dotter über Wasserdampf mit einem Schneebesen warm und schaumig schlagen. Dabei ständig kräftig rühren, damit das Eigelb nicht stockt. In die warme Eiermasse langsam (zu Beginn nur tröpfchenweise) die flüssige Butter einrühren. Mit Salz, Pfeffer und Essig abschmecken und die Kräuter unterheben.

Schritt 6 / Den Spargel auf Teller setzen, mit dem eigenen Schmorsaft leicht überglänzen und mit der Sauce béarnaise übergießen.

Mein Tipp Zu diesem Gericht passen kleine gekochte Erdäpfel. Wer auf Fleisch nicht verzichten möchte, kann kurz gebratenes Rinds-, Schweins- oder Kalbsfilet dazuservieren. / Beim Aufschlagen von Sauce béarnaise, die übrigens eine Variante der Sauce hollandaise ist, ist es entscheidend, dass Dottermasse und Butter beim Zusammenrühren die gleiche Temperatur haben, da die Sauce sonst gerinnt. Am besten überprüfen Sie die Temperatur der beiden Komponenten, indem Sie sie kosten und dabei kurz zwischen den Lippen lassen. Mit den Lippen können wir Temperaturunterschiede am besten wahrnehmen.

Lammkeule aus dem Kräuterheu
mit Artischockengröstl

Für die Lammkeule
- 500 g kleine heurige Erdäpfel
- 1 Milchlammkeule mit Knochen, ca. 1,3 kg
- 2 TL Dijon-Senf
- 8 EL Olivenöl
- 2 Handvoll frisches Heu (am besten von einer mageren Bergwiese)
- 2 Zweige Oregano
- 2 Zweige Thymian
- 2 Zweige Rosmarin
- 250 ml Rotwein
- 150 g Butter

Für das Artischockengröstl
- 4 große Artischocken
- Saft von 1 Zitrone
- 4 Schalotten
- 1 Knoblauchzehe
- 4 EL Olivenöl
- 1 Prise Zucker
- 20 g Butter
- 2 EL Petersilie, geschnitten

- Meersalz
- schwarzer Pfeffer aus der Mühle

Schritt 1 / Die Erdäpfel gut waschen. Die Lammkeule rundum mit dem Dijon-Senf einreiben und kräftig mit Salz und Pfeffer würzen. In einem großen Bräter in 4 EL Olivenöl von allen Seiten kräftig anbraten. Die Keule aus dem Bräter nehmen und das Heu und die Kräuterzweige darin verteilen. Das Lamm wieder daraufsetzen und die Erdäpfel dazugeben. Das restliche Olivenöl darüberträufeln. Die Lammkeule im vorgeheizten Backrohr bei 180 °C Ober- und Unterhitze zugedeckt 30 Minuten schmoren.

Schritt 2 / In der Zwischenzeit die Artischocken putzen. Dazu den Stiel abbrechen und die Blätter mit einem Wellenschliffmesser vollständig wegschneiden. Den Stielansatz und den Boden mit einem Messer abschälen und den Bast mit einem Löffel auskratzen. Eine Schüssel mit Wasser füllen und den Zitronensaft hineinpressen. Die Artischockenböden je nach Größe sechsteln oder achteln und die Stücke sofort in das Zitronenwasser legen. Die Schalotten schälen, vom Strunk befreien und längs in feine Streifen schneiden.

Schritt 3 / Den Deckel vom Lamm entfernen, die Hälfte vom Rotwein angießen und die Keule weitere 10 Minuten offen braten, damit sie Farbe bekommt. Dann die Temperatur auf 60 °C reduzieren (Tür offen lassen), die Keule aus dem Bräter heben und das Fleisch vom Knochen schneiden. Dabei darauf achten, das Fleisch möglichst wenig zu zerstückeln. Das Lammfleisch in Alufolie wickeln und im abgekühlten Ofen „parken". Die Erdäpfel aus dem Bräter nehmen und ebenfalls zugedeckt warm stellen.

Schritt 4 / Den Bräter auf den Herd stellen, den restlichen Rotwein angießen und die Bratrückstände loskochen lassen. Den Sud in einen kleinen Topf seihen.

Schritt 5 / Die Artischocken in einer Pfanne mit der Knoblauchzehe im Olivenöl anbraten, mit Zucker, Salz und Pfeffer würzen. Wenn die Artischocken von allen Seiten schön gebräunt sind, Schalotten und Butter zugeben. Alles weiterrösten, bis das Gemüse weich ist, dann die Petersilie untermischen und noch einmal durchschwenken.

Schritt 6 / Das Fleisch aus der Folie nehmen und aufschneiden. Den Fleischsaft aus der Folie zum Bratensud geben, aufkochen lassen und mit der Butter zu einer sämigen Sauce binden, abschmecken. Das Fleisch mit den Erdäpfeln und dem Artischockengröstl auf Tellern anrichten und mit der Sauce umgießen.

Mein Tipp Wenn Sie Fleisch braten, das rosa bleiben soll, ist die „Bei-60-Grad-Parken-Methode" optimal und erspart viel Küchenstress. Denn ob Sie das Fleisch 20 Minuten oder 2 Stunden bei dieser Temperatur warm halten, ist praktisch egal, da die Kerntemperatur niemals über 55 bis 60 °C ansteigen wird. Das Fleisch übergart also nicht, zieht aber gleichmäßig durch, sodass später beim Aufschneiden kein Saft mehr austritt. Auch kurz angebratene Lachsfilets bleiben mit dieser Methode perfekt glasig. Einzig bei Rinder- oder Wildfilet, das Sie englisch (blutig) braten möchten, ist Vorsicht geboten. Denn hier sollte die Kerntemperatur nur 45 bis 50 °C betragen.

Mit Senfkraut gefüllter Lachs

auf Schmorgurken

Für den Lachs

- 15 Stängel Senfkraut, mit Blüten
- Saft von 1 Zitrone
- 8 EL Olivenöl
- 600 g Lachsfilet, möglichst dick
- 40 g Butter
- 200 ml Fischfond (aus dem Glas)

Für die Schmorgurken

- 1 große Gurke
- 1 Zweig Dill
- 60 g Butter
- 1 Knoblauchzehe
- 50 ml trockener Wermut
- 50 ml Weißwein
- 1 TL grober Dijon-Senf

- Meersalz
- schwarzer Pfeffer aus der Mühle

Schritt 1 / Vom Senfkraut die Blätter abzupfen, in Salzwasser kurz blanchieren, in Eiswasser abschrecken und gut ausdrücken. Mit Salz und je der Hälfte des Zitronensafts und des Olivenöls marinieren.

Schritt 2 / Das Lachsfilet enthäuten und die dunklen, tranigen Stellen entfernen. Wenn nötig, entgräten. In das Filet an der dicken Längsseite eine Tasche schneiden und diese mit den marinierten Senfkrautblättern füllen. Den Fisch salzen und mit dem restlichen Olivenöl einreiben. Mit Klarsichtfolie abdecken und kalt stellen.

Schritt 3 / Für die Schmorgurken, die Gurke schälen, längs halbieren und mit einem Löffel entkernen. Die Gurkenhälften nochmals längs teilen und in Rauten schneiden. Die Blätter vom Dill abzupfen und grob schneiden.

Schritt 4 / In einer Pfanne die Hälfte der Butter für die Gurken mit der angedrückten Knoblauchzehe aufschäumen lassen. Die Gurken einlegen und darin glasig angehen lassen. Mit Salz und Pfeffer würzen, Wermut und Weißwein angießen und vollständig reduzieren lassen. Die Gurken neben dem Herd warm stellen.

Schritt 5 / Das Lachsfilet in 1,5 cm breite Tranchen schneiden. Einen großen Bräter mit der Butter ausstreichen und den Rest des Zitronensafts darin verteilen. Die Lachstranchen mit der Schnittfläche nach oben einsetzen, dabei das dünne Ende einschlagen, sodass sich kompakte Päckchen bilden. Den Fischfond angießen und den Lachs im vorgeheizten Backrohr bei 130 °C etwa 15 Minuten glasig garen.

Schritt 6 / Etwa die Hälfte des Fischfonds aus dem Bräter schöpfen und zu den Gurken geben. Alles nochmals aufkochen, den Senf einrühren und mit der restlichen Butter zu einer sämigen Sauce binden. Den Dill und die geschnittenen Senfkrautblätter untermengen.

Schritt 7 / Die Schmorgurken als Spiegel auf Tellern anrichten und die Lachstranchen daraufsetzen.

Mein Tipp Am besten schmeckt dieses Gericht natürlich mit Wildlachs. Sie können aber auch große Lachsforellenfilets verwenden. Zuchtlachs sollte auf jeden Fall aus biologischen Zuchtbetrieben stammen! Als Beilage passen Erdäpfelpüree oder einfach gekochte und in Butter geschwenkte Erdäpfel.

Riesengarnelen
in grüner Kräutersauce

Für die Kräutersauce
- 1 kleiner Erdapfel
- 1 Schalotte
- 80 g Butter
- 50 ml trockener Wermut
- 100 ml Weißwein
- 200 ml Hühnerbrühe
- 100 ml Schlagobers
- 1 Bund Brunnenkresse
- 1/2 Bund Petersilie
- 1/2 Bund Kerbel
- 1/2 Bund Koriander
- 5 grüne Blätter Endiviensalat
- 2 EL Zitronensaft

Für die Garnelen
- 16 Riesengarnelen, in der Schale
- 1 Knoblauchzehe
- 1 Chilischote
- 3 EL Olivenöl

Außerdem
- 3 große Erdäpfel, festkochend
- 4 EL Olivenöl

- Meersalz
- schwarzer Pfeffer aus der Mühle

Schritt 1 / Für die Kräutersauce Erdapfel und Schalotte schälen und klein würfeln. Beides in 20 g Butter anschwitzen und mit Wermut und Weißwein ablöschen. Die Flüssigkeit auf die Hälfte reduzieren lassen, dann Hühnerbrühe und Schlagobers zufügen und weitere 10 Minuten köcheln lassen.

Schritt 2 / Die Blätter aller Kräuter abzupfen. Endiviensalat, Kresse- und Petersilienblätter kurz in kochendem Salzwasser blanchieren und sofort kalt abschrecken, gut ausdrücken.

Schritt 3 / Die großen Erdäpfel schälen und in zentimetergroße Würfel schneiden. In einer beschichteten Pfanne das Olivenöl erhitzen und die Erdäpfelwürfel darin bei mittlerer Hitze braten, bis sie goldbraun und weich sind. Mit Salz und Pfeffer würzen.

Schritt 4 / Die Riesengarnelen längs halbieren, sodass sie am Schwanzende noch zusammenhängen. Die Därme entfernen. Die Knoblauchzehe mit der Schale in Scheiben schneiden, die Chili in grobe Stücke schneiden. Die Garnelen mit Knoblauch und Chili im Olivenöl sehr heiß anbraten und Farbe nehmen lassen. Mit Salz und Pfeffer würzen, einmal durchschwenken und neben dem Herd warm stellen.

Schritt 5 / Sämtliche Kräuter und die restliche Butter in den Saucenansatz geben, alles gut durchmixen und durch ein feines Sieb streichen, mit Salz, Pfeffer und Zitronensaft abschmecken.

Schritt 6 / Erdäpfelwürfel und Kräutersauce auf Tellern anrichten und die Riesengarnelen (ohne Chili und Knoblauch) ansetzen.

Mein Tipp Dieses Gericht besticht durch seine klaren und einfachen Aromen. Die leichte Süße der Garnelen harmoniert bestens mit der säuerlichen Frische der Kräuter und dem Hauch Chilischärfe. Generell gilt: Wenn frische Kräuter das Aroma einer Speise bestimmen sollen, verzichten Sie eher auf die Zugabe weiterer Gewürze. Auch mit Salz können und sollen Sie sparsam sein, um das feine Kräuteraroma nicht zu überdecken.

Kräuterrisotto mit sautierten Eierschwammerln *in Tomaten-Koriander-Sud*

Für den Tomaten-Koriander-Sud
- 1 kg Fleischtomaten
- 1/2 Knoblauchzehe
- 4 Zweige Koriander
- 60 ml Schlagobers
- 80 g Butter

Für den Kräuterrisotto
- 1/2 Bund Kerbel
- 1/2 Bund Petersilie
- 1 Schale Gartenkresse
- 1/2 Bund Basilikum
- 700 ml Gemüsebrühe
- 2 Schalotten
- 4 EL Olivenöl
- 250 g Risottoreis
- 100 ml Weißwein
- 50 g Butter
- 50 g Parmesan, gerieben

Für die Eierschwammerl
- 200 g Eierschwammerl
- 2 EL Olivenöl
- 20 g Butter
- 1 Zweig Thymian
- 1 Zweig Rosmarin
- 1 Knoblauchzehe

- Meersalz
- schwarzer Pfeffer aus der Mühle

Schritt 1 / Für den Tomaten-Koriander-Sud die Tomaten vom Stielansatz befreien und in grobe Stücke schneiden. Die Knoblauchzehe schälen und zerkleinern. Tomaten und Knoblauch im Mixer pürieren, in einem Tuch über ein Sieb hängen und den Saft auffangen.

Schritt 2 / Die Korianderblättchen abzupfen. Den aufgefangenen Tomatensaft um ein Drittel einkochen lassen und Schlagobers, Butter sowie Korianderblättchen zugeben. Einmal aufkochen und dann am Herdrand ziehen lassen.

Schritt 3 / Für den Risotto alle Kräuterblätter abzupfen und sehr fein schneiden. Die Gemüsebrühe erhitzen. Die Schalotten schälen, fein schneiden und im Olivenöl glasig angehen lassen. Den Reis zugeben und 2 Minuten ohne Farbe anschwitzen. Mit dem Weißwein ablöschen und diesen vollständig reduzieren lassen. Nun nach und nach die heiße Gemüsebrühe angießen und den Risotto in 15 Minuten halbgar rühren. Die Kräuter zugeben und den Risotto unter weiterer Zugabe von Brühe bissfest garen.

Schritt 4 / Die Eierschwammerl putzen. In einer Pfanne Olivenöl und Butter aufschäumen lassen und die Eierschwammerl darin mit den Aromaten knackig braten.

Schritt 5 / Den Risotto vom Herd nehmen und Parmesan und Butter einrühren. Den Tomaten-Koriander-Sud mit dem Stabmixer fein pürieren. Den Risotto in tiefen Tellern anrichten und mit dem Tomaten-Koriander-Sud umgießen. Die Eierschwammerl darauf verteilen.

Mein Tipp Beim Rühren von Risotto ist es wichtig, dass der Reis immer die gleiche Temperatur behält. Gießen Sie also immer mit kochender Brühe auf. Sonst entwickelt der Reis nicht jene „Crema", die für einen Risotto entscheidend ist. Rühren sollten Sie den Risotto übrigens immer mit einem Holzkochlöffel, da mit diesem die Reiskörner nicht verletzt oder zerkleinert werden. Zu diesem Risotto können Sie auch gebratenen Fisch wie Zander oder Forelle servieren.

Im Kräuterbrot gebratenes Rehfilet

mit Rahmwirsing und Erdäpfeltalern

Für die Sauce

- 1 kleine Zwiebel
- 100 g Wurzelgemüse (Karotte, Sellerie, Petersilienwurzel, Lauch)
- 3 EL Olivenöl
- 1 TL Tomatenmark
- 250 ml Rotwein
- 1,5 l milde Rindsuppe
- 1 EL Preiselbeeren
- 1/4 Orange
- 5 Wacholderbeeren
- 5 schwarze Pfefferkörner
- 2 Lorbeerblätter
- 3 Zweige Thymian
- 20 ml Gin
- 40 g Butter

Für den Rahmwirsing

- 400 g Wirsing
- 1 Schalotte
- 50 g Bauchspeck, im Ganzen
- 20 g Butter
- 100 ml Rindsuppe
- 200 ml Schlagobers
- 1 Knoblauchzehe
- 1 Zweig Thymian
- 1/4 TL Kümmel, gemahlen

Schritt 1 / Zur Vorbereitung der Sauce den Rehrücken auslösen und die Filets von Sehnen befreien. Die Knochen klein hacken. Die Zwiebel schälen und gemeinsam mit dem Wurzelgemüse in mittelgroße Stücke schneiden.

Schritt 2 / Die Rehknochen und die Fleischabschnitte in einem Bräter im heißen Olivenöl dunkel anrösten. Dabei öfters umrühren. Im vorgeheizten Backrohr bei 180 °C 20 Minuten weiterrösten. Wurzelwerk und Zwiebel zugeben und ebenfalls Farbe nehmen lassen. Das Tomatenmark zugeben und 2 Minuten unter Rühren mitrösten.

Schritt 3 / In 2 Partien mit dem Rotwein ablöschen und jeweils vollständig reduzieren lassen. Dabei durch Rühren den Bratensatz vom Boden lösen. Alles in einen großen Topf umgießen und mit der Rindsuppe auffüllen. Preiselbeeren, Orange und Gewürze zufügen und für 2 bis 3 Stunden leicht köcheln lassen. Die Sauce durch ein feines Sieb passieren.

Schritt 4 / Für den Rahmwirsing die Wirsingblätter vom Strunk befreien, in 2 cm große Stücke schneiden und in Salzwasser blanchieren. Abseihen und sofort kalt abschrecken. Die Schalotte schälen und ebenso wie den Bauchspeck in feine Würfel schneiden. Beides in der Butter hell anschwitzen und mit der Rindsuppe und dem Schlagobers aufgießen. Knoblauch, Thymian und Kümmel zugeben und auf die Hälfte einkochen lassen. Die Reduktion durch ein feines Sieb passieren.

Thymian

Petersilie

Für die Erdäpfeltaler
- 400 g Erdäpfel, mehlig
- 2 Schalotten
- 60 g Butter
- 1 EL Petersilie, geschnitten
- 1 Dotter
- 1/4 TL Muskatnuss

Für das Rehfilet
- 1,3 kg Rehrücken, im Ganzen (mit Knochen)
- 8 EL Olivenöl
- 2 TL Dijon-Senf
- 1 TL grobkörniger süßer Senf (Weißwurstsenf)
- 20 g Butter
- 2 EL Petersilie, geschnitten
- 1 EL Thymian, geschnitten
- 1/2 EL Oregano, geschnitten
- 1/2 EL Rosmarin, sehr fein gehackt
- 4 Scheiben Tramezzini-Brot (ca. 10 × 20 cm)
- 2 Knoblauchzehen

- Meersalz
- schwarzer Pfeffer aus der Mühle

Schritt 5 / Für die Erdäpfeltaler die Erdäpfel in Salzwasser weichkochen, schälen und pressen. Schalotten schälen, fein würfeln und in der Hälfte der Butter hellbraun anschwitzen. Die Petersilie untermengen. Erdäpfel mit Schalotten, Dotter und Muskatnuss rasch zu einem Teig verkneten, mit Salz und Pfeffer würzen. Den Teig zu einer Rolle formen.

Schritt 6 / Die Rehfilets in 4 gleiche Teile portionieren, mit Salz und Pfeffer würzen und in der Hälfte des Olivenöls von allen Seiten rasch anbraten. Aus der Pfanne heben und mit den beiden Senfsorten gleichmäßig bestreichen. Die Butter in einer Pfanne aufschäumen lassen und die Kräuter darin kurz anschwitzen.

Schritt 7 / Die Kräuter auf den Tramezzini-Scheiben verteilen und die Rehfilets darin einwickeln. Das überschüssige Brot wegschneiden. Die Rehfilets im restlichen Olivenöl rundum anbraten und im auf 180 °C vorgeheizten Ofen in 10 bis 15 Minuten fertig garen.

Schritt 8 / Aus der Erdäpfelrolle fingerdicke Scheiben schneiden und diese in der restlichen Butter goldgelb ausbacken.

Schritt 9 / Die Schlagobersreduktion nochmals aufkochen lassen und den Wirsing untermischen, mit Salz und Pfeffer abschmecken.

Schritt 10 / Die Rehsauce nochmals aufkochen lassen, den Gin unterrühren und die Sauce mit der Butter binden.

Schritt 11 / Die Rehfilets aufschneiden und mit dem Wirsing und den Erdäpfeltaler auf Tellern anrichten. Mit der Sauce umgießen.

Mein Tipp Da die Zubereitung von Rehsauce etwas aufwendig ist, empfiehlt es sich, gleich größere Mengen herzustellen und portionsweise einzufrieren.

all I want

s you.

Im Kräuterbrot gebratenes Rehfilet
mit Rahmwirsing und Erdäpfeltalern

- 400 g frische, mittelgroße Kräuterseitlinge
- 2 EL Sauerrahm
- 1 EL Crème fraîche
- 2 EL Schnittlauch, geschnitten
- 2 Eier
- 2 EL Petersilie, geschnitten
- 2 EL Kerbel, geschnitten
- 2 EL Majoran, geschnitten
- 1 EL Zitronenthymian, geschnitten
- 150 g Semmelbrösel
- 50 g Parmesan, gerieben
- 12 Schnittlauchspitzen

- Meersalz
- schwarzer Pfeffer aus der Mühle
- Olivenöl zum Backen

Pilze im Kräuterreigen

Schritt 1 / Die Kräuterseitlinge in etwa 8 mm dicke Scheiben schneiden und leicht salzen und pfeffern.

Schritt 2 / Sauerrahm, Crème fraîche und Schnittlauch verrühren und mit Salz und Pfeffer abschmecken.

Schritt 3 / Die Eier verquirlen. Pilze in 5 gleiche Portionen aufteilen. Einen Teil in Ei, Petersilie und Semmelbröseln panieren. Einen Teil in Ei, Kerbel und Semmelbröseln. Einen Teil in Ei, Majoran und Semmelbröseln. Einen Teil in Ei, Zitronenthymian, Parmesan und Semmelbröseln. Einen Teil pur lassen.

Schritt 4 / Die Pilze in Olivenöl bei mittlerer Hitze von beiden Seiten goldbraun ausbacken bzw. braten.

Schritt 5 / Die panierten Pilze auf Tellern rund anrichten, in die Mitte den pur gebratenen Pilz, darauf einen Löffel Schnittlauchrahm setzen und mit Schnittlauchspitzen dekorieren.

Mein Tipp Achten Sie darauf, bei diesem Gericht mit Salz und Pfeffer nur zurückhaltend zu würzen, um den Eigengeschmack von Pilzen und Kräutern nicht zu übertönen. Für dieses Gericht eignen sich in der Saison zum Beispiel auch Steinpilze oder Maronenröhrlinge hervorragend.

everybody has got a hungry heart.

Cannelloni

mit Salatfüllung und Erbsen

Für die Füllung

- 1 Bund Rucola
- 200 g Vogerlsalat
- 1 Bund Portulak
- 100 g Borretsch
- 1 Bund Kerbel
- 1/2 Bund Petersilie
- 1/2 Bund Schnittlauch
- 2 Schalotten
- 1 Knoblauchzehe
- 8 EL Olivenöl
- 8 Cannelloni oder 8 Lasagneblätter
- 1 Ei
- 2 EL Crème fraîche
- 100 g Parmesan, gerieben
- 1/2 TL Muskatnuss, gerieben

Für die Erbsen

- 200 g Erbsen, frisch oder TK
- 2 EL Olivenöl
- 70 ml Gemüsebrühe
- 30 g Butter

- Meersalz
- schwarzer Pfeffer aus der Mühle
- Olivenöl für den Bräter

Schritt 1 / Alle Salate und Kräuter waschen und trockenschleudern. Petersilie, Kerbel und Schnittlauch fein schneiden und beiseite stellen.

Schritt 2 / Die Schalotten und die Knoblauchzehe schälen und fein schneiden. In 2 EL Olivenöl glasig anschwitzen. Salate und Borretschblätter zugeben und unter ständigem Rühren zusammenfallen lassen. Auf ein Schneidbrett geben und sehr fein hacken.

Schritt 3 / Die Cannelloni oder Lasagneblätter in siedendem Salzwasser 2 Minuten kochen. Auf einem Küchentuch trocken legen.

Schritt 4 / Die gehackten Salate mit Ei, Crème fraîche und dem restlichen Olivenöl gut verrühren. Vom Parmesan 2 EL beiseite stellen, den Rest mit den geschnittenen Kräutern unter die Salatmischung mengen. Mit Salz, Pfeffer und Muskatnuss kräftig würzen.

Schritt 5 / Die Cannelloni mit der Mischung füllen, in einen mit Olivenöl ausgepinselten Bräter setzen, einmal im Öl wenden und mit dem restlichen Parmesan bestreuen. Im vorgeheizten Backrohr unter dem Grill gratinieren.

Schritt 6 / Die Erbsen in Salzwasser weichkochen und im Olivenöl leicht anschwitzen. Die Gemüsebrühe zugießen und aufkochen lassen, mit Salz und Pfeffer würzen und mit der Butter binden.

Schritt 7 / Die Erbsen auf Tellern anrichten und je zwei Cannelloni daraufsetzen.

Mein Tipp Purer als in diesem Gericht, kann man Kräuter und aromatische Salate kaum in Szene setzen. Wem dies ein bisschen zu viel Grün am Teller ist, kann die Cannelloni auch zu einer Beilage machen und zu gebratenem Fisch oder Scampi servieren.

Kräuter machen glücklich! Sie sind die besten Geschmacksverstärker, die man in einer Küche verwenden kann.

Der duftende Abschluss

Desserts, Käse und Brot

Bärlauchstangerl

- 25 g Germ
- 25 g Zucker
- 300 ml Wasser, lauwarm
- 500 g Mehl, glatt
- 20 g Salz
- 2 Handvoll Bärlauch
- 6 EL Olivenöl
- Meersalz
- schwarzer Pfeffer aus der Mühle

Schritt 1 / Germ und Zucker im lauwarmen Wasser auflösen und mit Mehl und Salz zu einem glatten Teig verkneten. Diesen zugedeckt an einem warmen Ort zur doppelten Größe aufgehen lassen.

Schritt 2 / Den Bärlauch waschen und mit dem Olivenöl im Mixer grob zerkleinern, mit Salz und Pfeffer schwach würzen.

Schritt 3 / Den Teig zu einer Rolle formen und mit einer Teigkarte in gleichmäßige Stücke teilen. Die Teigstücke auf einer NICHT bemehlten Arbeitsfläche mit den Händen zu Stangerln rollen und diese auf mit Backpapier ausgelegte Backbleche setzen. Zugedeckt an einem warmen Ort erneut um etwa ein Drittel aufgehen lassen.

Schritt 4 / Die Stangerl mittig längs etwa einen halben Zentimeter tief einschneiden und die entstehende Rinne mit etwas Bärlauchpaste füllen. Die Bärlauchstangerl im vorgeheizten Backrohr bei 230 °C Heißluft etwa 4–5 Minuten backen.

Mein Tipp Dieser Teig kann natürlich auch pur gebacken werden. Wenn Sie die Backzeit um eine Minute verringern und die noch ganz frischen Stangerl einfrieren, lassen sie sich später wunderbar und ohne Qualitätsverlust aufbacken.

Kräuterbrot

- 1/2 Bund Schnittlauch
- 2 Handvoll Basilikumblätter
- 400 ml Wasser, lauwarm
- 1 EL Honig
- 21 g Germ
- 500 g Mehl, glatt
- 1 Ei
- 100 g Topfen
- 1 EL Olivenöl
- 6 g Salz

Schritt 1 / Schnittlauch und Basilikum grob schneiden. Das Wasser mit Honig und den Kräutern sehr fein mixen. Den Germ darin auflösen.

Schritt 2 / Aus allen Zutaten mit der Küchenmaschine oder mit der Hand einen geschmeidigen Teig kneten und diesen zu Stangen formen.

Schritt 3 / Die Brotstangen mit Wasser bepinseln und schräg einschneiden. Die Brote zugedeckt an einem warmen Ort zu etwa doppeltem Volumen aufgehen lassen und im vorgeheizten Backrohr bei 190 °C etwa 10 Minuten backen.

Mein Tipp Das Kräuterbrot ist mit seiner hübschen grünen Farbe und dem frischen Geschmack immer ein Highlight im Brotkorb. Wenn Sie die Farbe etwas intensivieren möchten, verwenden Sie zusätzlich etwas Petersilie, die Sie aber kurz blanchieren sollten. Im Frühjahr bietet sich natürlich auch Bärlauch für dieses Brot an.

Für den Teig

- 1 Pkg. Trockengerm
- 3 TL Honig
- 50 ml Olivenöl
- 300 ml Wasser, lauwarm
- 500 g Mehl, glatt
- 1 EL Salz

Für die Füllung

- 1 EL Rosmarin, geschnitten
- 1 EL Thymian, geschnitten
- 1 EL Bohnenkraut, geschnitten
- 2 EL Basilikum, geschnitten
- 100 g grüne Oliven, entsteint und grob geschnitten
- 4 EL Olivenöl

Gefülltes Brot (Fougasse)

mit Kräutern und Oliven

Schritt 1 / Den Trockengerm mit dem Honig und dem Olivenöl im Wasser auflösen. Diese Mischung zum Mehl gießen und mit den Händen einen Teig kneten. Kurz bevor der Teig glatt wird das Salz zugeben. Den Teig zu einer Kugel formen und zugedeckt an einem warmen Ort auf das doppelte Volumen aufgehen lassen.

Schritt 2 / Alle Zutaten für die Füllung gut vermischen.

Schritt 3 / Den Teig in 2 Teile teilen und jeden ziemlich dick ausrollen. Auf die Hälfte jedes Fladens Füllung verteilen und die andere Hälfte darüber schlagen. 2 EL der Füllung zurückbehalten. Den Teig erneut ausrollen, dabei oval formen. Nun mit einem Messer einschneiden – einen Längsschnitt in der Mitte und zwei bis drei auf jeder Seite. Den Rest der Füllung auf den Broten verteilen und diese nochmals aufgehen lassen.

Schritt 4 / Die Brote im vorgeheizten Backrohr bei 230 °C etwa 15 Minuten backen.

Mein Tipp Fougasse ist eine Spezialität aus der Provence, die ursprünglich mit Sauerteig gebacken wird. Für die Sauerteigversion nehmen Sie 100 g Sauerteig (vom Bäcker) und 25 g frischen Germ. Der Rest der Zutaten für den Teig bleibt gleich (Trockengerm weg lassen). Traditionell wird Fougasse mit allem Erdenklichen gefüllt, was typisch für die Provence ist: getrocknete Tomaten, schwarze Oliven, Rosmarin und Thymian, eingelegte Artischocken, Anchovis, Ziegenfrischkäse und Speck. Ihrer Fantasie sind kaum Grenzen gesetzt. Fougasse schmeckt am besten ganz frisch aus dem Ofen und wird am Tisch gebrochen – niemals geschnitten!

Mein Tipp Außerhalb der Bärlauchsaison machen Sie einen Käse mit fein geschnittenem, jungem Knoblauch. Dabei für 2 EL Käse allerdings nur 1 TL Knoblauch verwenden. / Für mich sind diese kleinen Kräuterkäse die perfekten Begleiter für das erste Frühlingspicknick des Jahres. Welche Kräuter Sie verwenden, ist dabei ganz Ihrem Geschmack und dem Angebot Ihres Gartens oder Gemüsehändlers überlassen. Rosmarin sollten Sie allerdings nicht verwenden, da sich seine harten, ledrigen Blätter im zarten Frischkäse unangenehm bemerkbar machen. Perfekt eignen sich hingegen auch Rucola oder alle möglichen Kressesorten, z.B. Kapuzinerkresse samt Blüten. Wichtig ist, dass Sie Olivenöl von bester Qualität zu den Kräuterkäsen reichen. Eine Flasche fruchtigen, nicht zu säuerlichen Weißwein dazu, z.B. steirischer Weißburgunder – und der Genuss ist vollkommen!

Kleine Ziegenfrischkäse

mit Gartenkräutern

- 500 g Ziegenfrischkäse

Je 1 EL folgender Kräuter, gehackt

- Petersilie
- Schnittlauch
- Minze
- Koriander
- Basilikum
- Estragon
- Bohnenkraut
- Thymian (am besten mit Blüten)
- Kerbel
- Bärlauch
- Dill

- Meersalz

Zum Servieren

- 1 Flasche sehr gutes, fruchtiges Olivenöl extra vergine
- 1 Döschen Fleur de Sel
- 1 Rosmarinbrot (Rezept diese Seite)
- 1 kräftig aromatisches Bauernschwarzbrot

Schritt 1 / Den Ziegenfrischkäse in so viele Portionen aufteilen, wie sie Kräutersorten zur Verfügung haben. Dann den Ziegenfrischkäse mit den sortenreinen Kräutern gut durchmischen. Auf je 2 EL Käse kommt dabei 1 EL Kräuter. Schwach mit Salz würzen und jeweils kleine, runde Laibe formen. Die kleinen Kräuterkäse mit einem Blatt oder einer Blüte des jeweiligen Krautes dekorieren, um sie unterscheiden und identifizieren zu können.

Schritt 2 / Die kleinen Kräuterkäse mindestens eine Stunde durchkühlen lassen. Das Schwarzbrot in dünne Scheiben schneiden und im Backrohr goldbraun rösten. Die Kräuterkäse auf einer Platte servieren. Dazu die beiden Brotsorten und das Olivenöl und Fleur de Sel reichen.

Rosmarinbrot

- 500 g Mehl, glatt
- 10 g Salz
- 2 EL Rosmarin, geschnitten
- 10 g Germ
- 1 Prise Zucker
- 300 ml Wasser, lauwarm

Schritt 1 / Das Mehl in eine Rührschüssel geben und mit dem Salz und dem Rosmarin vermischen. Den Germ mit Zucker im Wasser auflösen und in das Mehl einarbeiten.

Schritt 2 / Den Teig gut durchkneten, mit einem Küchentuch bedecken und an einem warmen Ort auf nicht ganz das doppelte Volumen aufgehen lassen.

Schritt 3 / Den Teig in 2 Teile teilen, aus diesen Brotstangen formen, auf ein mit Backpapier belegtes Backblech setzen und nochmals etwa 1 Stunde gehen lassen.

Schritt 4 / Die Brote im vorgeheizten Backrohr bei 220 °C Heißluft 8 Minuten backen, dann mittels einer Sprühflasche oder mit den Händen etwas kaltes Wasser in den Backofen spritzen. Das Rosmarinbrot weitere 6 Minuten bei 180 °C Heißluft fertig backen.

Mein Tipp Dieses Rosmarinbrot hat eine sehr feinporige und nicht zu luftige Konsistenz. Es eignet sich deshalb hervorragend zum Anrösten für Crostini oder Bruschetta bzw. in Form von Croûtons für Suppen.

- 1 kleiner Epoisses im Ganzen (ca. 250 g)
- 50 ml Süßwein
- 2 EL Estragonblätter
- 250 g kleine Erdäpfel, festkochend
- 40 g Butter
- einige EL Wasser
- Meersalz

Geschmolzener Epoisses
mit Süßwein und Estragon

Schritt 1 / Den Epoisses aus der Schachtel nehmen und mit Hilfe eines kleinen Messers und eines Löffels einen Deckel abheben. Dabei 1 cm Rand außen stehen lassen. Eine etwa 5 mm dicke Schicht vom Käse herauskratzen und naschen!

Schritt 2 / Die Hälfte des Estragons klein schneiden und den entstandenen Raum im Käse mit Süßwein und dem geschnittenen Estragon befüllen. Den Deckel wieder aufsetzen, den Käse mit Folie bedecken und über Nacht im Kühlschrank lagern.

Schritt 3 / Am nächsten Tag den Rest des Süßweines in den Käse gießen und diesen erneut über Nacht im Kühlschrank durchziehen lassen.

Schritt 4 / Die Erdäpfel in Salzwasser weichkochen, abgießen und schälen. In etwa 5 mm dicke Scheiben schneiden.

Schritt 5 / Den Käse in der Schachtel im vorgeheizten Backrohr bei 130 °C etwa 10 Minuten schmelzen lassen.

Schritt 6 / In einer Pfanne die Butter mit einigen Esslöffeln Wasser aufkochen, mit Meersalz würzen. Die Erdäpfelscheiben darin durchschwenken, bis die Butter zu einer sämigen Emulsion eingekocht ist.

Schritt 7 / Die Erdäpfel samt Butteremulsion auf Tellern anrichten und einen guten Esslöffel vom Käse daraufsetzen. Mit den restlichen Estragonblättern bestreuen.

Mein Tipp Wenn Sie Epoisses auf diese Weise affinieren (verfeinern), verwenden Sie am besten einen von mittlerer Reife. Epoisses zählt zu den kräftigsten Käsen und hat, voll ausgereift, einen herb-deftigen Geschmack. Sollten Sie mildere Käsesorten bevorzugen, können sie für dieses Gericht auch einen jungen Münsterkäse oder Langres verwenden, der deutlich zarter und topfiger schmeckt.

LE CRE

Für die Pfirsiche

- 4 vollreife Pfirsiche (am besten weißfleischige)
- 6 EL brauner Zucker
- 80 g Butter

Für die Zabaione

- 4 Zweige Lavendel
- 10 EL Weißwein
- 4 Dotter
- 4 EL Zucker

Geschmorter Pfirsich

mit Lavendel-Zabaione

Schritt 1 / Die Pfirsiche halbieren und den Kern entfernen.

Schritt 2 / Einen Bräter mit dem Zucker ausstreuen und die Butter in Flöckchen darauf verteilen. Die Pfirsichhälften daraufsetzen und mit Alufolie abdecken.

Schritt 3 / Die Pfirsiche im vorgeheizten Backrohr bei 180 °C ohne Heißluft auf unterster Schiene oder am Boden des Backrohrs ca. 20 Minuten garen. Sie sollen sehr weich werden und leicht bräunen, aber nicht zerfallen.

Schritt 4 / Für die Zabaione die Lavendelblüten abzupfen und im Weißwein einmal aufkochen lassen, abseihen und beiseite stellen. Die Dotter mit Zucker und dem aromatisierten Weißwein gut vermengen und in einer Rührschüssel über Dampf mit dem Schneebesen zu einer luftigen Zabaione aufschlagen. Am Schluss die Lavendelblüten vorsichtig unterheben.

Schritt 5 / Die Pfirsiche mit dem im Backrohr gebildeten Saft in tiefen Tellern anrichten und mit der Zabaione überziehen. Mit einigen Lavendelblüten garnieren.

Mein Tipp Das Aufschlagen von Zabaione ist eigentlich ein Kinderspiel und geht rasch. Allerdings sollte man dabei immer darauf achten, gerade am Anfang nicht zu viel Hitze unter dem Rührkessel zu haben. Beginnen Sie also am besten kurz bevor das Wasser richtig kocht. So erhält die Zabaione am meisten Volumen. Und achten Sie darauf, immer die gesamte Masse der Zabaione ohne Pause durchzuschlagen, da Sie sonst sehr rasch Rührei im Kessel haben.

Für das Erdbeer-Süppchen

- 500 g Erdbeeren
- 2 Zweige Waldmeister
- 80 g Zucker
- 1/2 Vanilleschote
- 150 ml Prosecco

Für die armen Ritter

- 1/2 Wecken Brioche, vom Vortag
- 300 ml Milch
- 70 g Zucker
- 1/2 Vanilleschote
- 2 Eier
- 100 g Butter

- Staubzucker zum Bestreuen

Erdbeer-Prosecco-Süppchen

mit Waldmeister und armen Rittern

Schritt 1 / Von den Erdbeeren 100 g beiseite stellen (die größten und schönsten). Den Rest waschen, entstielen und klein schneiden. Vom Waldmeister die Blätter und Blüten abzupfen und gut waschen. In einer Schüssel die Erdbeeren mit dem Zucker vermischen und mit einer Gabel zerdrücken. Das Mark der Vanilleschote auskratzen und mit dem Waldmeister unter die Erdbeeren mischen. Mindestens 1 Stunde kalt stellen. Dann die Erdbeeren durch ein feines Sieb streichen, dabei darauf achten, dass das gesamte Fruchtfleisch der Sauce erhalten bleibt.

Schritt 2 / Den Briochewecken entrinden und in möglichst große, 1 cm dicke Scheiben schneiden. Aus diesen Scheiben längliche Schnitten oder Dreiecke schneiden. Die Milch mit dem Zucker und dem Mark der Vanilleschote gut verrühren, die Eier verquirlen. Die Briocheschnitten zuerst gut in Milch tränken und dann durch das Ei ziehen. In einer Pfanne die Butter aufschäumen lassen und die armen Ritter darin goldgelb ausbacken. Auf eine Küchenrolle legen, um das überschüssige Fett abtropfen zu lassen.

Schritt 3 / Die restlichen Erdbeeren entstielen und in feine Scheiben schneiden. Das Erdbeermark mit dem Prosecco vermischen und in tiefen Teller anrichten, die geschnittenen Erdbeeren darauf verteilen und die armen Ritter anlegen. Mit Staubzucker bestreuen und servieren.

Mein Tipp Waldmeister passt mit seinem charakteristischen und harmonischen Aroma perfekt zu Erdbeeren und ist als Würzkraut im Frühjahr sehr beliebt. Man sollte allerdings nie mehr als 2 bis 3 Zweige für eine Speise verwenden, da Waldmeister Kumarin enthält und als leicht giftig gilt. Seine toxische Wirkung ist allerdings so gering, dass kaum mit ernsthaften Vergiftungserscheinungen zu rechnen ist. Eine starke Überdosierung ruft allerdings Kopfschmerzen und Benommenheit hervor.

Für Tortenformen mit 15–18 cm

Für den Tarteboden

- 100 g Mehl
- 70 g Butter
- 45 g Staubzucker
- 1 Dotter
- 30 g Mandeln, gerieben
- 2 g Salz

Für die Füllung

- 150 g Himbeeren
- 4 Zweige Minze
- 250 g Schlagobers
- 75 g Butter
- 250 g dunkle Kuvertüre
- 3 EL Himbeermarmelade

- Minze und Himbeeren zum Dekorieren

Schokoladen-Minz-Tarte

mit Himbeeren

Schritt 1 / Für den Tarteboden aus allen Zutaten rasch einen Mürbteig kneten, mit Folie umhüllt mindestens 1 Stunde kühlen.

Schritt 2 / Die Himbeeren waschen und auf Küchenkrepp trocknen. Die Minzblätter abzupfen und grob schneiden.

Schritt 3 / Den Mürbteig rund und etwa 3 mm dick ausrollen und den Boden einer Tortenform damit auslegen. Im vorgeheizten Backrohr bei 180 °C ca. 10 Minuten goldbraun backen. Auskühlen lassen.

Schritt 4 / Das Schlagobers mit der Butter, der geschnittenen Minze und den Minzstielen einmal aufkochen und neben dem Herd mindestens 30 Minuten ziehen lassen. Durch ein Sieb abgießen, dabei die Minze gut ausdrücken.

Schritt 5 / Die Kuvertüre klein schneiden und in eine Schüssel geben. Das Schlagobers nochmals aufkochen und nach und nach zu der Kuvertüre gießen. Dabei die Kuvertüre unter ständigem, sanftem Rühren vollständig auflösen.

Schritt 6 / Die Himbeermarmelade aufkochen und den Tarteboden damit bestreichen. Die Himbeeren darauf verteilen und die Schokoladencreme vorsichtig darübergießen. Die Tarte kalt stellen, bis die Schokoladenmasse vollständig gestockt ist.

Schritt 7 / Die fertige Schokoladen-Minz-Tarte mit Himbeeren und Minze dekorieren.

Mein Tipp Achten Sie beim Schmelzen der Kuvertüre darauf, immer nur wenig vom heißen Schlagobers anzugießen, damit die Masse nicht zu stark erhitzt wird. Schokolade sollte nie über 38 °C erwärmt werden, um Qualitätsverluste zu vermeiden.

Für 1 Kastenform

- 1/8 l Milch
- 3 EL kräftiger Honig
- 120 g Zucker
- 300 g Mehl
- 1 Pkg. Backpulver
- 100 g Butter
- 3 Eier
- 1 EL getrockneter Thymian

- Butter und Mehl für die Form

Honig-Thymian-Kuchen

Schritt 1 / Die Milch aufkochen und mit dem Honig und dem Zucker verrühren, vom Herd nehmen und in eine Rührschüssel gießen. Das Mehl mit dem Backpulver versieben und nach und nach unter die Masse rühren.

Schritt 2 / Die Butter zerlassen und ebenfalls nach und nach abwechselnd mit den Eiern und dem Thymian unter die Masse mengen.

Schritt 3 / Eine Kastenform mit Butter ausstreichen und bemehlen. Die Masse eingießen und im vorgeheizten Backrohr bei 180 °C Heißluft etwa 35 Minuten backen.

Mein Tipp Wie Anisbrot hält sich dieser Kuchen, gut in Folie eingeschlagen, mehrere Tage und schmeckt eigentlich erst am zweiten Tag richtig gut. Am besten servieren Sie den Kuchen so: Schneiden sie 1 cm dicke Scheiben vom Kuchen ab und rösten diese im Backrohr hell an. Zu den noch warmen, knusprigen Kuchenscheiben reichen Sie frischen Mascarpone oder Butter und Kumquats-Thymian-Marmelade (Rezept Seite 41), ersatzweise Orangenmarmelade.

Für das Parfait

- 2 Eier
- 3 Dotter
- 150 g Löwenzahnblütenhonig (Rezept Seite 39)
- 20 ml Wodka
- 500 ml Schlagobers
- 100 g Haselnüsse, gerieben

Für die Rahmheidelbeeren

- 200 g Heidelbeeren
- 2 EL Löwenzahnhonig
- 1 EL Staubzucker
- 50 ml Milch
- 100 ml Schlagobers

- Minze zur Dekoration

Löwenzahnblütenhonigparfait

mit Rahmheidelbeeren

Schritt 1 / Eier und Dotter mit dem Löwenzahnhonig und dem Wodka verrühren und über Dampf warm aufschlagen. Dann den Rührkessel in eine Schüssel mit Eiswürfeln stellen und kalt schlagen.

Schritt 2 / Das Schlagobers steif schlagen. Die Haselnüsse unter die Eiermasse rühren und das Schlagobers unterheben. Die Masse in geeignete Formen oder Förmchen füllen und mindestens 6 Stunden frieren.

Schritt 3 / Die Heidelbeeren waschen und mit allen anderen Zutaten in eine Schüssel geben. Mit einer Gabel leicht zerdrücken und gut verrühren.

Schritt 4 / Die Parfaits kurz in heißes Wasser tauchen und stürzen. Die Rahmheidelbeeren in tiefen Tellern anrichten und die Parfaits daraufsetzen. Mit Minze dekorieren.

Mein Tipp Bei Parfaits ist es für das Gelingen entscheidend, dass diese ausreichend – „zur Rose" nennt es der Fachmann – aufgeschlagen werden. Nehmen Sie dazu am besten einen Mixer, denn fürs Aufschlagen mit dem Schneebesen sollte man gut im Training sein! Das Parfait ist perfekt aufgeschlagen, wenn folgende Probe funktioniert: Ziehen Sie einen Holzkochlöffel durch die aufgeschlagene Eiermasse und blasen anschließend auf seine Rückseite. Es muss sich ein wellenartiges Muster, ähnlich der Schichtung von Rosenblättern in der Blüte, ergeben. Daher auch die Bezeichnung „zur Rose aufschlagen". Wird das Parfait zu wenig aufgeschlagen, hat die Masse keine Bindung und beim Frieren trennen sich Zucker und Flüssigkeit vom Fett.

Kräuter machen glücklich! Sie sind die besten Geschmacksverstärker, die man in einer Küche verwenden kann.

Register & Glossar

Glossar

Aubergine / Melanzani
Dotter / Eigelb
Eierschwammerl / Pfifferlinge
Epoisses / sehr kräftiger, französischer Kuchmilchkäse
Erdapfel, Erdäpfel / Kartoffel, Kartoffeln
Fleur de Sel / besonders feines Meersalz
Frühlingszwiebeln / Jungzwiebeln
Germ / Hefe
Lauch / Porree
Marillen / Aprikosen
Marmelade / Konfitüre
Sauerrahm / saure Sahne
Schlagobers / Schlagsahne, süße Sahne
Semmelbrösel / Weißbrotbrösel, Paniermehl
Staubzucker / Puderzucker
Topfen / Quark

Herbert Lehmann

... lernte Fotografie in seiner Heimatstadt Linz, besuchte in Wien die Filmakademie und arbeitete ursprünglich als Kameramann und Regisseur bei Werbespots und Unternehmensfilmen. Anfang der 1990er Jahre kam Herbert Lehmann wieder zurück zur Fotografie. Durch zahlreiche Reisereportagen kam er immer wieder und sehr intensiv mit der Kulinarik in Berührung und entwickelte ein besonderes Interesse für die Authentizität regionaler Küchen und für die Handschrift großer Kochpersönlichkeiten. Seine Aufnahmen zeigen, dass sein Zugang zu einem Gericht nicht nur ästhetischer Natur ist, sondern dass er mit der Kamera das Wesen einer Speisenkomposition erfasst. Sein Kochbuch-Werkverzeichnis setzt sich sich aus über drei Dutzend Publikationen mit den wichtigsten Hauben- und Sterneköchen Österreichs zusammen.

Auszeichnungen

Gewinner des *Prix Prato 2014* in der Kategorie „Kulinarische Fotografie" / *6th Photography Masters Cup 2013*: 2nd Place – Merit of Excellence für „Blue Fin"

www.herbertlehmann.com

„Die Zusammenarbeit mit Herbert Lehmann bei den Shootings für diese Kochbücher ist pures Vergnügen. Aus mehreren Gründen. Er sprüht vor Ideen, wenn es um Fragen der Präsentation und des sogenannten Food-Stylings geht. Er bleibt der ruhende Pol, wenn es rund um den Herd mal hektisch wird. Er ist selber ein ausgezeichneter Hobbykoch und kann deshalb auch mal beim Schupfnudelwuzeln helfen."

Yvonne Schwarzinger

ARCHE NOAH für die Vielfalt!

Das Herz der ARCHE NOAH: Das *Sortenarchiv* birgt einen Schatz von ca. 6.000, großteils gefährdeten Sorten von Getreide und Gemüse. ARCHE NOAH Mitglieder können Saatgut aus dem Sortenarchiv beziehen. Manche unterstützen das Sortenarchiv auch in der Erhaltungsarbeit.

Der ARCHE NOAH *Schaugarten in Schiltern*: Hier kann man Kulturpflanzenvielfalt erleben, und Ideen für den eigenen Vielfaltsgarten und die eigene Küche mit nach Hause nehmen!

Foto: Doris Steinböck

Auch die *Pflanzenmärkte* in ganz Österreich sind wichtige Treffpunkte begeisterter VielfaltsgärtnerInnen.

Ein Garten nur fürs *Saatgut*: Im ARCHE NOAH *Vermehrungsgarten* geht es 100 % biologisch zu! Hunderte gefährdete Sorten werden hier jährlich von den ARCHE NOAH GärtnerInnen regeneriert.

Dem 1. Mai sehen wir wegen des einzigartigen *Tauschmarktes* für Saatgut und Pflanzen der ARCHE NOAH Mitglieder immer mit besonderer Freude entgegen.

Mit *Ihrer Stimme* können Sie etwas bewegen! *Dank der Unterstützung* ihrer Mitglieder kann ARCHE NOAH unabhängige politische Arbeit für bessere rechtliche Rahmenbedingungen für die Vielfalt machen – in Österreich und in Brüssel. Über 400.000 Unterschriften haben bei der *Zurückweisung der EU Saatgutverordnung* wesentlich zum Erfolg beigetragen. Viele ARCHE NOAH Mitglieder haben aktiv Unterschriften gesammelt oder sich direkt an Politiker gewendet.

Lernen Sie ARCHE NOAH kennen – und machen Sie selbst mit! Seit mehr als 23 Jahren setzen sich Menschen im Verein ARCHE NOAH für den Erhalt und die Entwicklung der Kulturpflanzenvielfalt ein.

ARCHE NOAH bietet ein *umfangreiches Kursprogramm* vom Anbau der Vielfalt im Garten und am Balkon, über Obstbau bis hin zur Samengärtnerei. Wir sehen es als unsere Aufgabe, Orte der Begegnung und des Lernens zu schaffen, wo alt bewährtes Wissen weitergegeben und durch neue praktische Erfahrungen und den persönlichen Austausch erneuert und erweitert werden kann.

Mitgliedschaft

Das können Sie als ARCHE NOAH Mitglied tun:
ARCHE NOAH in ihrem gärtnerischen und politischen Einsatz für die Vielfalt unterstützen, mit Vielfalt kochen, Kinder und Freunde dafür begeistern, seltene Sorten anbauen, sich zum VielfaltsgärtnerInnen weiterbilden, Saatgut gewinnen und weitergeben, eine gefährdete Obstsorte im eigenen Garten erhalten - all das und noch viel mehr können Sie tun! Sie werden sehen: Vielfalt macht Freude!

Ihr Mitgliedsbeitrag:
EUR 45.- pro Kalenderjahr. Für Pensionisten, Studenten und Arbeitslose bieten wir einen ermäßigten Beitrag (mit Nachweis): EUR 25.- pro Kalenderjahr. Die Mitgliedschaft gilt jeweils für ein Kalenderjahr & verlängert sich automatisch. Austritte bitte bis Jahresende bekannt geben!

Ihre Vorteile:

- freier Eintritt in den ARCHE NOAH Schaugarten
- ermäßigte Teilnahme an vielen Bildungsangeboten
- das ARCHE NOAH Magazin
- monatlicher e-Newsletter mit aktuellen Infos, Tipps und Angeboten
- kostenlose Bestimmung alter Obstsorten
- auf Wunsch das ARCHE NOAH Sortenhandbuch
- vergünstigte Abgabe von Saatgut und Jungpflanzen

Noch mehr erfahren: www.arche-noah.at

ARCHE NOAH